PENSÉES
QUOTIDIENNES

Photo de couverture : Photodisc Bleu / Digital Vision

Éditions Prosveta S.A. – B.P.12 – 83601 Fréjus Cedex (France)
ISBN 2-85566-924-3

Omraam Mikhaël Aïvanhov

PENSÉES QUOTIDIENNES

2007

PROSVETA

« Chaque matin, avant d'entreprendre quoi que ce soit, recueillez-vous un moment afin d'introduire en vous la paix et l'harmonie, et de vous lier au Créateur en Lui consacrant, par la prière et la méditation, cette journée qui commence.

L'essentiel, c'est le commencement. C'est là, au commencement, que les forces nouvelles se déclenchent et s'orientent. Pour agir correctement, il faut toujours commencer par chercher la lumière. Quand il fait nuit, vous ne vous précipitez pas dans l'obscurité pour aller prendre un objet ou commencer un travail, mais vous allumez d'abord une lampe pour y voir, et ensuite vous agissez. Eh bien, pour n'importe quel cas dans la vie, vous avez tout d'abord besoin d'allumer la lumière, c'est-à-dire de vous concentrer, de vous recueillir, afin de savoir comment agir. Si vous n'avez pas cette lumière, vous irez à gauche, à droite, vous frapperez à plusieurs portes, et vous ne ferez rien de bon.

Toute la journée est inscrite dans la direction que vous donnez dès le matin à vos pensées. Car suivant que vous êtes attentif et vigilant ou non, vous déblayez le chemin ou, au contraire, vous l'encombrez de toutes sortes de choses inutiles ou même nocives. Le disciple de la Science initiatique sait comment il doit commencer la journée s'il veut qu'elle soit fructueuse, remplie de la grâce de Dieu, afin de pouvoir répandre cette grâce autour de lui sur toutes les créatures. Il sait qu'il doit avoir, dès le matin, une pensée fondamentale autour de laquelle graviteront, durant la journée, toutes ses autres pensées.

Si vous avez pour chaque jour un but précis, une orientation précise, un idéal à atteindre, toutes vos activités vont peu à peu s'ordonner, s'organiser et contribuer à la réalisation de cet idéal. Et même lorsque des pensées et des sentiments étrangers, négatifs, tenteront d'entrer en vous, ils seront détournés et mis au service du monde divin, ils seront obligés eux aussi d'aller dans la direction que vous avez vous-même choisi de prendre. Et c'est ainsi que, grâce à la pensée fondamentale que vous aurez placée dès le matin dans votre tête, dans votre cœur, vous pourrez inscrire cette journée dans le grand Livre de la Vie.

Et puisque tout s'inscrit, une fois que vous aurez vécu une journée splendide, une journée de vie éternelle, non seulement elle sera enregistrée, non seulement elle ne mourra pas, mais elle tâchera d'entraîner toutes les autres journées à sa suite pour qu'elles lui ressemblent. Essayez au moins de bien vivre une seule journée car c'est elle qui influencera les autres : elle va les inviter pour leur parler et les convaincre d'être comme elle, équilibrées, ordonnées, harmonieuses. »

Omraam Mikhaël Aïvanhov

Chaque matin, au réveil, et plusieurs fois au cours de la journée, pensez à l'Âme universelle comme à un diapason avec lequel vous devez vous mettre à l'unisson. C'est ainsi que vous entrerez peu à peu dans l'harmonie cosmique. Tant que vous ne vous déciderez pas à faire ce travail d'ajustement, vous serez comme des instruments désaccordés.

Vous penserez : « Mais enfin, c'est humiliant de devoir continuellement se régler sur des normes ! » Non, un véritable spiritualiste ne trouve jamais humiliant de reconnaître qu'il veut régler ses pensées, ses sentiments et ses actes sur le diapason divin. Et même si les autres trouvent qu'il n'a aucun amour-propre, aucune fierté, puisqu'il refuse de manifester son indépendance d'esprit, cela ne le trouble pas. Dans ce que beaucoup appellent fierté, indépendance, les Initiés ne voient que de la faiblesse, et dans ce que d'autres appellent faiblesse, les Initiés voient la force. Le vrai prestige, c'est de s'incliner devant les lois de l'harmonie universelle.

Il existe des broderies si magnifiques qu'on les expose dans les musées. Mais, parmi ceux qui vont les admirer, combien savent interpréter ce que sont le tissu, l'aiguille, le fil, les figures du dessin ?

Le tissu, c'est le principe féminin, la matière sur laquelle travaille l'aiguille. L'aiguille, c'est la volonté, le principe masculin qui guide le fil ; et le fil, c'est la pensée. En travaillant sur le tissu, l'aiguille, à laquelle sont enfilés des fils précieux ou ordinaires, colorés ou ternes, solides ou cassants, crée des figures ravissantes ou médiocres.

Le tissu, cela peut être beaucoup de choses : notre corps physique, par exemple. Entraînée par la volonté, la pensée travaille, brode, et les images apparaissent : ce sont les formes du corps, les lignes du visage, l'expression des yeux, qui racontent toute l'histoire d'une vie…

Tout peut nous abandonner, nous pouvons tout perdre, sauf nous-même. Alors, pourquoi ne pas chercher là, en nous, puisque c'est la seule possession, la seule certitude que nous ayons vraiment ? Que nous nous trouvions sur la terre ou dans l'autre monde, nous ne nous séparerons jamais de nous.

Pour rester dans chaque circonstance maîtres de la situation, nous disposons tous de quelque chose que rien ni personne ne peut nous enlever. Et ce que rien ni personne ne peut nous enlever, c'est nous. Dans la vie, dans la mort, nous serons éternellement avec nous. Oui, voilà la chose la plus sûre, tout le reste n'est pas sûr et peut nous échapper. Et ce « nous » que rien ne peut nous enlever, c'est la conscience de l'étincelle divine que nous sommes, donc la conscience des capacités que nous avons reçues du Créateur et des occasions qui nous sont données chaque jour de mettre ces capacités en œuvre.

Tous ces moments de paix, de joie, d'émerveillement que vous apporte la vie spirituelle, ne les gardez pas uniquement pour vous. Consacrez au moins quelques minutes à envoyer par la pensée quelque chose de ces états privilégiés. Pensez à tous les êtres dans le monde qui sont dans l'angoisse, le désespoir, concentrez-vous sur eux et dites : « Chers frères et sœurs du monde entier, ce que je possède est si beau, si lumineux, que je veux le partager avec vous. Prenez de cette beauté, prenez de cette lumière ! »

Puisque vous savez que vos états intérieurs produisent des ondes qui se propagent, ne gardez pas votre bonheur pour vous, partagez-le ; ainsi, non seulement vous ferez du bien aux autres, mais vous amplifierez ces états en vous. Oui, c'est un phénomène magique : pour garder votre joie, il faut savoir la partager.

Vous avez la sensation profonde d'avoir trouvé le bon chemin ? Alors, suivez-le sans demander l'opinion de qui que ce soit. Si vous voulez absolument poser des questions, posez-les à votre âme, à votre esprit, à votre Dieu intérieur. Vous objecterez que vous n'avez jamais reçu d'eux la moindre réponse. Eh bien, vous vous trompez : chaque fois que vous interrogez le principe divin en vous, vous recevez une réponse ; si vous ne l'entendez pas, c'est que les murs de votre conscience sont trop épais. Diminuez l'épaisseur de ces murs, et vous constaterez que, chaque fois, une réponse vous est donnée.

Lorsque vous avez besoin d'être guidé, adressez votre demande au Ciel, faites-le sincèrement, profondément. Une fois la demande faite, n'y pensez plus ; la réponse viendra dans un laps de temps plus ou moins long, à travers un animal, un objet, une phrase lue ou entendue, une personne rencontrée, un rêve… Bien sûr, pour cela il faut savoir être attentif… Si vous y parvenez, vous serez étonné de voir la manière dont le monde invisible vous donne ses réponses.

N'attendez pas votre équilibre et votre salut de la réalisation de grandes choses. Ce sont les petites choses qui sont les plus bénéfiques, et si vous vous habituez à les prendre au sérieux, vous développerez une attitude intérieure qui vous protégera. Il y a tellement d'occasions pour les petites choses ! Ne serait-ce que ramasser en passant un objet qui traîne dans la rue ou sur un chemin, un papier sale, une bouteille vide, écarter une pierre qui pourrait faire trébucher quelqu'un ou des morceaux de verre sur lesquels il pourrait se blesser. C'est votre amour qui vous sauvera, et l'amour se manifeste justement à travers tous ces gestes apparemment sans importance que vous pouvez faire chaque jour.

Efforcez-vous donc de trouver toujours quelque chose de nouveau à faire, en sachant que chaque petit geste exécuté avec application, sincérité et amour, sera chaque fois comme une créature de lumière qui viendra vous accompagner.

Pour étudier un objet ou un être, vous avez tendance à le prendre séparément, en le coupant de la totalité. Mais comment croyez-vous que vous le connaîtrez en l'isolant ainsi ? Vous ne pourrez vraiment connaître les êtres et les choses que si vous les liez entre eux pour voir comment la vie circule de l'un à l'autre.

L'univers est un édifice dont une des meilleures représentations est la figure géométrique de la pyramide avec pour sommet Dieu, créateur et dispensateur de la vie. Chaque créature, chaque chose y a sa place, et donc pour la connaître vous devez pouvoir la situer dans l'édifice cosmique. Là, vous observez comment elle vibre en harmonie, comment elle participe à la vie universelle et contribue ainsi au maintien de l'édifice.

C'est tous les jours que nous devons penser à faire des efforts pour nous perfectionner. Même si nous ne réussissons pas à chaque fois, nous serons au moins justifiés devant le Ciel parce que nous aurons essayé. Jamais le Ciel ne nous accusera de ne pas avoir réussi ; ce sont les efforts plus que les succès qui comptent pour lui, et ces efforts dépendent de nous.

Lorsque le Ciel verra que nous ne faiblissons pas, que nous poursuivons notre chemin envers et contre tout, la décision sera prise en haut de nous faciliter la tâche, et la joie, la lumière, la beauté et la liberté se déverseront sur nous. Ces cadeaux seront choisis en tenant compte de notre caractère, de notre structure, de nos affinités, du travail que nous avons à accomplir et, surtout, de ce dont nous avons besoin pour notre évolution.

Plusieurs endroits sur la terre sont considérés comme des lieux sacrés, parce qu'il y a plus ou moins longtemps ils ont été habités par des saints, des Initiés, et des milliers de personnes y vont en pèlerinage : elles cherchent à trouver quelque chose de l'esprit qui soufflait là. Mais voilà que souvent l'esprit est parti ailleurs… Cela ne veut pas dire qu'il soit déconseillé de visiter des lieux saints, non, faites-le, mais en étant bien conscient que ces lieux doivent vous servir surtout comme une incitation à trouver le seul vrai lieu sacré, qui est en vous.

Si vous ne trouvez pas ce lieu en vous-même, vous aurez beau visiter tous les lieux saints de la terre, vous ne trouverez rien, vous resterez toujours aussi pauvre, vide et insatisfait. Travaillez donc à créer au-dedans de vous certaines vibrations, et alors, où que vous alliez, vous vous sentirez en communion avec tous les grands esprits qui sont venus s'incarner sur la terre, vous vous nourrirez de leur sagesse, de leur amour.

Pourquoi tant de personnes se sentent-elles seules ? Parce que c'est en elles, dans leur tête et dans leur cœur, qu'elles ont créé cette solitude. En réalité, on n'est jamais seul. Se plaindre d'être seul, c'est dire qu'on manque d'amour. Mais on manque d'amour parce qu'on n'aime pas.

Combien d'hommes et de femmes se contentent de rêver à l'amour ! Ils attendent le prince ou la princesse des Mille et Une Nuits, et c'est pourquoi ils se sentent seuls : parce qu'ils attendent l'amour, ils ne le cherchent pas en eux. L'amour que vous attendez ne viendra jamais. L'amour, vous ne devez pas l'attendre, il est au-dedans de vous : laissez-le sortir, se manifester, rayonner, c'est la seule façon dont vous le rencontrerez vraiment.

Chaque être humain est un livre, un livre qu'il est lui-même en train d'écrire : ses pensées, ses sentiments tracent les caractères d'une écriture qui va se graver dans la matière de ses corps subtils. Mais combien parmi vous le savent-ils ? Combien ont commencé à écrire consciemment leur propre livre ?

Depuis toujours on instruit les humains à ne travailler qu'à l'extérieur d'eux-mêmes et là, c'est vrai, ils réussissent magnifiquement, tandis que leur monde intérieur n'est qu'un terrain en friche. Mais toutes ces créations dont ils sont si fiers ne leur appartiennent pas vraiment : elles sont extérieures à eux et donc disparaîtront. Seul le travail qu'on fait sur sa propre matière s'inscrit pour l'éternité. Vous direz : « Mais puisque ces créations sont intérieures, elles n'apportent rien à personne. » Détrompez-vous : un être qui se crée lui-même, qui écrit lui-même son propre livre, est un bienfaiteur pour tous ses frères humains, parce qu'il est un livre vivant qui les inonde de sa chaleur et de sa lumière.

La concentration est une accumulation de forces et de matériaux dans un espace donné en vue d'un travail, d'une création future, et elle se manifeste tout d'abord comme une limitation. Dieu Lui-même s'est limité pour créer le monde, et c'est ce qu'exprime symboliquement ce verset du livre des *Proverbes : « Lorsque l'Éternel traça un cercle à la surface de l'abîme »*. La concentration est nécessaire à la formation, on ne peut rien créer sans réunir et agréger les éléments entre eux.

À un niveau supérieur, on peut dire que la fraternité entre les hommes est aussi une forme de concentration. Elle représente même la plus haute expression de la spiritualité, car les éléments, ici, ce sont les âmes qui se réunissent autour d'une idée pour collaborer ensemble à sa réalisation. Dans une fraternité spirituelle, les êtres sont les éléments unis, soudés, pour réaliser le plus haut idéal : le Royaume de Dieu sur la terre.

Une légende rapporte que le poète Orphée avait reçu du dieu Apollon une lyre à sept cordes aux pouvoirs magiques. Lorsqu'il chantait en s'accompagnant de cet instrument, il tenait sous son charme les dieux et les hommes, apprivoisait les bêtes féroces et pouvait même émouvoir les rochers.

Cette lyre à sept cordes qui a tellement fait rêver les musiciens et les poètes, en réalité, nous la possédons tous. Oui, nous la possédons car chacun de nous est lui-même cette lyre. Les sept cordes qui le composent représentent nos sept corps : physique, éthérique, astral, mental, causal, bouddhique, atmique.* Chaque corde, chaque corps possède sa vibration propre et a pour fonction de nous mettre en communication avec une région déterminée des mondes visibles et invisibles et leurs habitants. Pour pouvoir entrer en relation harmonieuse avec ces régions, nous devons donc chaque jour travailler sur nos différents corps, et ce travail s'appelle purification, illumination, résurrection.

* Voir note et schéma, p. 372 et 373.

Le sel a la propriété de conserver les aliments en les tenant à l'abri de la putréfaction. Il est donc lié à l'idée de purification et il est utilisé dans certaines cérémonies religieuses, comme dans le baptême chrétien, par exemple, mais aussi dans les rites d'exorcisme pour chasser les démons, délivrer les êtres des envoûtements. Il n'y a donc profondément aucune différence entre certains rites religieux et des rites magiques. La cérémonie du baptême, au cours de laquelle le prêtre verse de l'eau sur l'enfant et lui met du sel sur les lèvres, a pour but de le laver du péché originel et de protéger son âme des attaques du démon.

La plupart des rites de la religion chrétienne, comme ceux des autres religions, sont des rites magiques. Mais évidemment, la magie est un domaine qu'il faut aborder avec beaucoup de discernement. Et surtout on doit veiller à n'utiliser ses méthodes que pour le bien, afin de se manifester comme un mage blanc qui apporte, partout où il passe, la paix et la lumière.

La vie de l'homme, son épanouissement, son évolution est fondée sur le pouvoir qu'il possède de transformer la matière : la matière physique et la matière psychique. La nutrition en est l'exemple le plus instructif. Comment ne pas être émerveillé par la complexité, la subtilité de tous les processus qui entrent en action depuis le moment où nous mettons un morceau de pain ou un fruit dans notre bouche jusqu'à celui où la quintessence de ces aliments entre dans notre sang pour devenir santé, pensée, sentiment, inspiration ?

Dans le plan psychique, nous pouvons aussi tout transformer, et cela va même encore plus loin... Oui, sauf cas exceptionnel, l'organisme physique ne peut pas absorber n'importe quelle substance, et il y a toujours plus ou moins quelque chose à enlever ou à ajouter. Mais dans le plan psychique, tout peut être absorbé et transformé : non seulement les énergies brutes que nous portons en nous sous forme de passions, de vices, mais aussi les poisons qui nous viennent de l'extérieur.

Les êtres humains sont faibles, c'est vrai, mais s'ils sont tellement faibles, c'est parce qu'ils ont fini par considérer cette faiblesse comme naturelle, allant de soi. C'est même le sujet de prédilection de la morale et de la religion : la nature humaine est faible, pécheresse… En réalité les humains ne sont pas tellement faibles, mais ils sont paresseux, ça oui ! Ils ne veulent pas se prendre en main et ils se laissent aller à toutes leurs impulsions égoïstes, agressives, et ensuite évidemment, ils ne peuvent que constater leurs échecs.

Vous n'êtes pas faible, et vous le constaterez si vous prenez l'habitude de ne pas fuir les difficultés ; si vous les fuyez c'est là qu'elles deviendront insurmontables et que vous aurez de quoi vous lamenter sur vos faiblesses. Mais décidez-vous à affronter les difficultés, et de plus en plus les efforts vous paraîtront faciles. Qu'est-ce qu'un véritable spiritualiste ? Un être qui apprivoise les obstacles pour pouvoir, grâce à eux, s'élancer plus loin et plus haut.

Les pierres, les plantes, les animaux, les hommes, quelle gradation entre les règnes de la nature ! Ce qui différencie les plantes des pierres, c'est la vitalité ; ce qui différencie les animaux des plantes, c'est la sensibilité ; et, même si les animaux possèdent déjà une certaine forme d'intelligence, combien plus les humains ! Chaque règne marque un progrès dans l'évolution. Et à l'intérieur de l'espèce humaine on trouve cette même gradation : de la brute au génie, au saint, à l'Initié, quelle progression, quelle ascension !

Et même si on regarde seulement les hommes ordinaires, certains sont plus primitifs, plus frustes, parce qu'ils se laissent guider par leurs instincts et leurs convoitises ; tandis que d'autres sont plus éclairés, plus évolués, parce qu'ils ont commencé à se maîtriser et à tourner leurs regards vers un monde supérieur.

Tromper les humains est facile : ils sont tellement crédules, ils ont si peu de jugement que le premier venu un peu habile peut presque faire d'eux tout ce qu'il veut. Oui, c'est malheureux, mais c'est ainsi. Les humains, on peut toujours les avoir, surtout par les mensonges, parce qu'ils ont tendance à préférer les mensonges. Si vous leur dites la vérité, ils vont certainement douter, mais par les mensonges et les ruses, vous arriverez presque toujours à vos fins.

Seulement voilà, le but de notre vie sur la terre n'est pas d'arranger nos affaires en jetant de la poudre aux yeux. Nous aurons à rendre compte un jour de nos actes devant les grandes lois cosmiques, et elles, on ne les trompe pas ! Il faut donc penser à ces lois, au lieu de jouer la comédie devant des aveugles. Oui, pensez que tous vos actes sont enregistrés, pesés, examinés, et que vous aurez un jour à en répondre. Vous gagnerez peut-être quelque chose en trompant des ignorants, mais est-ce que ça vaut la peine de perdre tout un royaume, en haut ?

Lorsqu'elle arrive sur notre table, la nourriture la mieux préparée, la plus succulente, n'est pas encore prête à être parfaitement assimilée par notre organisme, elle est une matière étrangère qui ne vibre pas à l'unisson avec lui. Or, toute particule qui ne vibre pas à l'unisson avec l'organisme le dérange. Combien de gens sont malades non pas à cause de ce qu'ils mangent, mais à cause de leur façon de manger !

Nous devons donc apprivoiser la nourriture, la rendre amie, et pour cela nous habituer à prendre les repas dans le silence, avec recueillement, amour, reconnaissance. Seuls la pensée et le sentiment sont capables de travailler sur la nourriture pour la transformer en la rendant parfaitement assimilable, ainsi que de distribuer harmonieusement les énergies à travers tout le corps.

N'attendez pas que la vie vous abandonne pour comprendre ce que vous avez perdu en courant à la poursuite de l'argent, du succès, des plaisirs, du pouvoir. Demandez au Ciel une seule chose : qu'il vous donne la vie, pas tellement la longueur de la vie, mais seulement cette sensation d'appartenir à la vie cosmique, à la vie de l'univers, des étoiles.

Bien qu'elle soit aussi en dehors de nous, la vie, la vie divine est en nous. Et même s'ils sont peu nombreux, il existe sur la terre des êtres qui ont compris l'importance et la beauté de cette vie. Pourquoi ne pas décider de participer à leur travail ? À celui qui cherche la vraie vie, Dieu indique où sont les êtres qui l'ont trouvée, afin qu'ils puissent l'aider et l'entraîner avec eux ; et alors, même au milieu des plus grandes difficultés il ne se sentira jamais réellement isolé.

N'allez pas partout raconter vos ennuis et vous plaindre, car non seulement vous perdez votre temps, mais vous vous affaiblissez et vous risquez même de perdre aussi l'estime de votre entourage.

La meilleure façon de résoudre vos problèmes, c'est de rentrer en vous-même, de vous lier à toutes les entités du monde spirituel qui sont là prêtes à vous aider. Elles vous donneront la force, la lumière qui non seulement vous permettront de trouver des solutions mais se refléteront aussi bénéfiquement sur les autres : quand ils verront que vous résistez aux épreuves sans vous plaindre, ils vous admireront et viendront auprès de vous pour prendre modèle. Et même s'ils le peuvent, ils tâcheront de vous aider. Donc, quels que soient vos ennuis, trouvez l'attitude, les paroles qui puissent aider tous ceux que vous rencontrez. C'est par cet effort de désintéressement et de générosité que vous arriverez à résoudre vos problèmes.

Pourquoi l'être humain va-t-il toujours chercher à l'extérieur ce qu'il peut trouver en lui-même ? Au-dehors, il ne trouve que des moyens pour agir sur la matière, mais pas pour agir sur sa vie psychique et vivre enfin dans la paix, l'harmonie, la lumière. Pour sa santé physique, à la rigueur, les moyens extérieurs peuvent être efficaces, mais pour tout ce qui concerne sa vie psychique, il ne trouvera des ressources qu'en lui, dans son âme, dans son esprit.

Le disciple d'un Enseignement initiatique sait que Dieu a créé l'homme en plaçant en lui des centres, des organes qui sont, dans les plans subtils, l'équivalent de ses organes physiques. Mais, la plupart du temps, il les utilise si peu qu'ils sont comme des machines qu'on n'a plus fait fonctionner depuis longtemps : bloqués, rouillés, envahis par la poussière et les toiles d'araignées. Tout son travail maintenant consiste à les remettre en marche, et c'est à cela que servent la méditation, la prière et tous les exercices spirituels.

Même parmi les croyants beaucoup se demandent pourquoi, dans les souffrances et les malheurs, Dieu ne leur vient pas en aide. Mais c'est parce qu'ils ont mis entre Lui et eux trop de barrières, trop d'idées fausses. Alors, évidemment, ils ont l'impression que Dieu est lointain, inaccessible, qu'Il ne les entend pas et ne leur répond pas. Tandis que le Diable, lui, est tout proche, il les entend et il peut les exaucer. Essayez, faites une enquête et vous verrez si les gens ne pensent pas ainsi : « Ce Dieu que l'on supplie depuis si longtemps, Il est inaccessible, sourd, endormi… Alors que le Diable, lui, est bien éveillé : dès qu'on l'appelle, il arrive. » Évidemment, car par leur façon de vivre ils ne cessent de lui ouvrir les portes, alors qu'ils les ferment au Seigneur.

En réalité, aucun être n'est aussi près de nous que le Seigneur, aucun être ne nous aime et ne veut nous aider autant que Lui ; seulement c'est à nous de nous débarrasser de tout ce qui empêche cet amour d'arriver jusqu'à nous.

Vous connaissez la représentation traditionnelle du roi : un personnage assis sur un trône, qui tient dans sa main droite un bâton ou un sceptre, et dans sa main gauche une sphère. Le sceptre et la sphère représentent les deux principes masculin et féminin. Le principe masculin est toujours symbolisé par une ligne droite, un sceptre, un caducée, un pilier, un arbre, une montagne ou un sommet ; et le principe féminin est symbolisé par une sphère, ou un objet creux et arrondi, un vase, une coupe, ou encore une grotte, un abîme.

Combien de monarques ont été conscients de la dimension cosmique de ces objets qu'ils tenaient dans leurs mains ? Très peu, sans doute. C'est pourquoi on peut dire que le véritable roi est le roi spirituel, l'Initié qui a approfondi la science du masculin et du féminin et qui sait les unir en lui-même pour créer.

La lumière est la matière de la création, c'est pourquoi il est écrit dans le livre de la *Genèse* que c'est elle que Dieu, au premier jour, a créée avant toute chose. Certains théologiens et philosophes prétendent que Dieu a créé le monde de rien. De rien d'extérieur à Lui, oui. Et c'est cela qui est difficile à comprendre, pour nous qui ne pouvons construire quelque chose qu'avec des matériaux et des instruments extérieurs à nous.

En réalité on ne peut rien créer de rien, et cette idée d'une création à partir de rien signifie seulement que Dieu a tiré de Lui-même la substance de l'univers. L'univers n'est rien d'autre que cette substance extraite de Lui et devenue extérieure à Lui, sous forme de lumière, mais qui est toujours Lui. Au commencement, Dieu, le Feu primordial, le Principe masculin, a engendré la lumière et l'a projetée dans l'espace.

Par le dédoublement, cet état psychique qui ouvre l'âme aux réalités du monde invisible, le clairvoyant sort de son corps physique comme s'il abandonnait une enveloppe, et grâce à son corps astral* il peut se déplacer dans l'espace. Mais le corps astral est encore une enveloppe, donc une entrave, et le clairvoyant doit s'efforcer aussi de le déposer, de même que le corps mental, afin d'être « nu », c'est-à-dire sans entrave, complètement libre. Ce n'est qu'en parvenant à la nudité de l'esprit qu'on connaît la réalité des choses.

L'esprit est nu. Il ne s'habille que pour sortir se manifester dans la matière. Mais pour rentrer chez lui, il doit quitter ses vêtements.

* Voir note et schéma, p. 372 et 373.

Que le progrès technique soit une bonne chose, personne ne peut le nier, mais comme il concerne uniquement le plan matériel, il fait courir de grands dangers à l'humanité. Et je ne parle même pas des armes de plus en plus destructrices. Je parle d'autres dangers qui sont le laisser-aller, la paresse, la passivité, l'affaiblissement.

Vous direz : « Mais alors, faut-il renoncer à ces progrès ? » Non, mais au lieu de s'abandonner à la facilité en s'imaginant que ces découvertes et innovations résoudront tous leurs problèmes, les humains doivent rétablir l'équilibre par une activité spirituelle. C'est cette activité qui leur permettra de continuer à se développer, à se renforcer. Au lieu d'éteindre l'esprit, tous les progrès matériels doivent les pousser à ranimer sa flamme en eux. Et cela exige de la vigilance, sinon ces mêmes progrès qui devaient leur permettre de s'épanouir, finiront par les détruire.

Quand ils doivent s'adresser aux autres oralement ou par écrit, la majorité des gens cultivés se préoccupent davantage de la forme que du contenu. Et cependant il est si important d'apprendre à parler clairement et simplement ! Pour cela il suffit de s'exprimer avec sincérité sur ce que l'on croit et pense. Oui, il ne faut dire que ce dont on est réellement convaincu, sinon on s'expose à ne même plus savoir où on en est intérieurement.

Les véritables Maîtres spirituels s'efforcent de transmettre leur immense savoir dans le langage le plus facile à comprendre, dans un style ordinaire presque. Ne méprisez pas la forme volontairement simple de leur enseignement : si vous cherchez des moyens pour travailler sur vous-même et obtenir des résultats qui demeureront pour l'éternité, vous les trouverez grâce à ce langage clair, accessible. Une seule phrase très simple que vous accueillez et approfondissez par votre méditation vous apportera de grands éclaircissements.

Vous avez tous dans votre maison des compteurs de gaz, d'eau et d'électricité. Régulièrement, un employé vient relever les chiffres qui y sont inscrits et vous devez payer la somme correspondant à vos dépenses. Eh bien, avant d'exister dans les maisons, il y a longtemps que ces compteurs existent en l'homme lui-même.

Le compteur de l'eau, c'est la bouche ; c'est sur elle, sur les lèvres, que s'enregistre la quantité d'eau que vous avez fait couler, et cette eau, ce sont vos sentiments.

Le compteur du gaz, c'est le nez qui permet de connaître l'importance que vous accordez à la pensée et d'apprécier l'usage que vous en faites.

Le compteur de l'électricité, ce sont les yeux qui révèlent quelles sortes de courants, harmonieux ou chaotiques, ont traversé votre système nerveux.

L'être humain a besoin d'être en accord avec lui-même, mais la réalité, c'est qu'il est continuellement pris dans des contradictions. Alors même qu'il est habité par des aspirations magnifiques, il est aussi poussé par d'autres forces en lui à commettre des actes dont il a honte ensuite et qu'il regrette. Cette situation crée des déchirements intérieurs, et ces déchirements le détruisent.

La véritable unité, celle vers laquelle nous devons tendre, est comparable à celle du système solaire. Le soleil est là, au centre, et toutes les planètes gravitent autour de lui, aucune ne s'écarte de la trajectoire tracée pour elle par l'Intelligence cosmique. C'est une unité analogue que nous devons réaliser en nous-même. Cela sous-entend un véritable apprentissage : comment vivre, penser et sentir pour que toutes les particules qui constituent notre être physique et notre être psychique règlent leur mouvement sur ce soleil que nous possédons tous en nous : notre Moi divin, notre esprit.

31 *Janvier*

Le Royaume de Dieu est déjà fondé en haut depuis la création du monde. C'est donc en bas, sur la terre, parmi les humains, que nous devons maintenant le réaliser, en sachant manifester les vertus divines.

Tous les grands Maîtres, les Initiés savent qu'ils sont venus sur la terre pour travailler à la réalisation du Royaume de Dieu. Donc, les enseignements spirituels qui incitent les humains à abandonner la terre, sous prétexte qu'elle est une vallée de larmes et que leur véritable patrie est ailleurs, ne sont pas conformes aux projets de Dieu. D'après ce que nous savons et ce que les grands Initiés nous ont enseigné, le désir et le plan de Dieu, c'est la réalisation de son Royaume sur la terre. L'homme doit travailler sur la matière, la rendre sensible et subtile pour qu'elle puisse vibrer en harmonie avec le monde de l'esprit.

De plus en plus de jeunes gens se lancent dans toutes sortes d'aventures risquées qu'ils justifient en disant que les leçons et les exemples de leurs aînés sont dépassés : non seulement ils ne leur apprennent rien, mais ils les ennuient. Et puis dans la vie il faut tout essayer… D'accord, mais est-ce une raison pour qu'ils aillent se brûler les ailes, guidés par leur seul désir d'indépendance et de plaisirs ? Pourquoi n'essaient-ils pas de méditer, de prier, de se lier au monde de la lumière, de progresser dans l'amour et la sagesse ?

Vous voulez sortir de la banalité quotidienne pour goûter quelque chose de nouveau, d'inouï ? Eh bien, sachez que c'est dans la vie spirituelle que vous avez le plus d'expériences nouvelles à faire.

Au cours d'une journée vous ne voyez aucun inconvénient à manifester mécontentement, irritation pour toutes sortes de raisons plus ou moins valables. Vous ne sentez pas qu'avec tous ces états négatifs, c'est votre vie qui s'en va et que vous entrez dans un courant de mort ? Eh oui, le premier degré de la mort, c'est le mécontentement, car si on ne prend pas de précautions, le mécontentement se transforme en chagrin, et le chagrin en douleur. Cette douleur qui ne touche d'abord que le plan psychique finit par gagner le plan physique. Un jour, elle devient maladie, et la maladie peu à peu entraîne la mort. Entre le mécontentement et la mort, les étapes sont évidemment nombreuses, mais avec le temps l'un mène inévitablement à l'autre.

Le contentement, au contraire, vous place dans le courant de vie. Celui qui est content se sent rempli de gratitude envers le Ciel et il vit dans la paix ; cette paix lui donne la force, la force lui apporte la plénitude, et il commence à goûter la vie éternelle.

3 Février

D'où viennent les symboles ? Ils ont pour origine les relations qui existent entre l'Âme universelle et notre inconscient. Aux correspondances que nous percevons, c'est nous qui donnons ensuite une forme concrète. Les symboles s'expliquent par le fait que ce sont les mêmes lois qui régissent la création et les créatures : nous retrouvons donc intuitivement les correspondances qui existent entre les différents mondes.

Cependant, il faut encore bien voir ceci : puisque le langage symbolique est l'expression de notre vie la plus profonde, quand nous nous trouvons devant des symboles que nous présentent la Science initiatique ou certaines œuvres d'art, pour pouvoir les comprendre nous devons les vivre. Celui qui ne vit pas ce que représente un symbole, ne le comprendra jamais, même si quelqu'un lui en donne l'interprétation. Il faut donc pénétrer loin, très loin en soi-même et vivre les symboles pour pouvoir connaître leur signification.

Nos chants sont une richesse que vous devez savoir utiliser pour l'équilibre et l'épanouissement de votre vie intérieure. Quand vous sentez que vous ne savez plus très bien où vous en êtes, que vos idées s'embrouillent, chantez : *« Misli, pravo misli : Pense juste »,* et vous verrez déjà mieux le chemin. Quand vous croyez que plus personne ne vous aime, chantez : *« Bog é lioubov : Dieu est amour »*. Alors, que voulez-vous de plus puisque Dieu ne vous abandonnera jamais ? Si vous êtes un peu fatigué, mal disposé, chantez : *« Sila, zdravé é bogatstvo : La force, la santé sont une richesse »*. Et vous vous levez pour vous remettre au travail.

Si vous trouvez que la vie est terne, qu'elle ne vous inspire plus aucune joie, dites : *« Krassiv é jivota : La vie est belle »*. Et quand enfin vous êtes heureux, chantez : *« Blagoslaviaï, douché moïa, Gospoda : Mon âme, bénis le Seigneur »*. Puisque vous avez des moyens, tout un arsenal magique, apprenez désormais à vous en servir.*

* *« Chants de la Fraternité Blanche Universelle »,* chants mystiques en langue bulgare composés par le Maître Peter Deunov, CD 1510, aux Éditions Prosveta.

La révolte est un instinct puissant et indispensable à la survie des humains, mais ils n'ont pas encore bien compris son rôle : où, quand, comment et contre qui se révolter. Avant de se révolter contre les autres, ce qui ne sert souvent à rien, un véritable disciple apprend à se révolter contre lui-même, contre toutes les entités mauvaises qu'il a laissées s'installer en lui sous forme de faiblesses, et qui le minent, le grignotent. Alors, tout change après.

Vous direz : « Mais si je ne me révolte pas contre des gens qui abusent, ils continueront. » En réalité, pour qu'ils changent de comportement, il ne faut pas les combattre : ils changeront quand ils sentiront que vous, vous avez changé, que vous êtes devenu plus sage, plus intelligent, plus rayonnant, parce que vous avez enfin réussi à attirer en vous des entités lumineuses. C'est donc par la révolte contre vous-même que vous allez vaincre les autres, ou plutôt les transformer.

Il est dit dans la *Genèse* que Dieu, ayant placé Adam et Ève dans le jardin d'Éden, leur interdit de manger du fruit de l'Arbre de la connaissance du bien et du mal. Mais ils désobéirent et furent chassés du jardin.

En rejetant toute autorité spirituelle ou morale pour n'en faire qu'à leur tête, les humains reproduisent chaque fois sans le savoir la faute d'Adam et Ève. Pourquoi ? Parce qu'ils occupent dans l'univers une certaine place, à laquelle correspond un état de conscience déterminé qui ne leur permet pas de tout connaître et de tout expérimenter impunément. Même si la curiosité est un des moteurs de l'évolution, il y a des expériences pour lesquelles les humains ne sont pas encore prêts, et s'ils les font prématurément, ils s'exposent à de grands dangers. Symboliquement, on peut dire qu'avant la faute, les premiers hommes vivaient dans les fleurs de l'Arbre cosmique, mais que, voulant élargir leur champ d'investigation, ils sont descendus jusque dans les racines où il y a certainement beaucoup de choses à découvrir ; mais n'étant pas prêts pour ces expériences, ils y ont aussi découvert la limitation et la mort.

Qu'est-ce qui fait qu'une automobile roule ? Le dégagement d'énergie qui se produit au moment où le mélange gazeux contenu dans le moteur explose sous l'effet d'une étincelle. Alors, l'auto démarre et elle roulera aussi longtemps qu'il y aura de l'essence dans le réservoir.

On peut observer un phénomène analogue avec la respiration. Mais pour retirer de l'air qui pénètre par nos narines un maximum d'énergie, il faut le comprimer et le retenir un certain temps dans les poumons. Pendant cette compression l'organisme travaille : il provoque l'équivalent des phases d'allumage et d'explosion pour l'auto. Et comme l'air ne peut pas s'échapper, la nature lui a ouvert de minuscules chemins dans l'organisme afin qu'il puisse circuler. Grâce à cette rétention, les énergies contenues dans l'air suivent tous les petits canaux que la nature leur a spécialement aménagés. Elle leur dit : « Par ici… par là… » car, sur leur parcours elle a disposé certains centres subtils – les chakras – qui doivent être touchés pour entrer en mouvement.

Les conditions physiques et spirituelles qui règnent sur les sommets des montagnes les rendent propices au travail intérieur. Et c'est donc là, sur les sommets, que vous devez monter pour formuler vos désirs et vos projets les plus chers.

Si vous n'avez pas les possibilités d'aller dans les montagnes, exercez-vous à les visiter et à faire des ascensions par la pensée. Vous pouvez vous concentrer une fois sur un sommet, une fois sur un autre : ainsi vous préparez les conditions pour entrer en contact avec les plus grands esprits qui sont descendus sur la terre. Car il existe un lien entre les sommets des montagnes et tous les êtres d'élite venus au cours des âges apporter la lumière aux humains. C'est par les sommets que nous entrons en communication avec eux.

Combien de choses sont à réviser dans les conceptions que tellement de croyants se font du Seigneur ! L'image d'un Dieu irrité contre les humains ou celle d'un vieillard avec une longue barbe occupé à noter leurs bonnes et mauvaises actions et à punir leurs fautes, ont peut-être été acceptables à une certaine époque et dans certaines conditions. Mais maintenant, franchement, c'est ridicule. Pas un homme raisonnable ne voudrait de cette vie et de ces occupations que l'on prête au Seigneur.

Évidemment, l'idée d'un Dieu unique, apportée par Moïse, était un très grand progrès dans l'histoire de la pensée. Mais il est arrivé un moment où l'image de ce Dieu de justice, sévère, impitoyable, devait être modifiée pour que les humains eux-mêmes puissent évoluer. Car comment pouvaient-ils apprendre à manifester la patience, l'indulgence, la bonté à l'égard de leurs semblables, s'ils avaient sans cesse devant eux l'exemple d'un Dieu toujours intransigeant et implacable ? C'est pourquoi Jésus est venu leur apporter l'enseignement d'un Dieu d'amour, et il est essentiel de continuer à approfondir cette conception.

Cherchez la beauté, aimez-la car c'est elle qui vous sauvera. Évidemment, je vous parle là de la beauté spirituelle. Par la méditation, par la contemplation, cherchez à sentir cette beauté, à vous en revêtir, à vous en imprégner, car c'est elle qui vous préservera de la beauté trompeuse.

Mettez à un enfant des vêtements neufs, il n'a pas besoin d'être très intelligent pour sentir qu'il ne doit pas aller jouer dans le ruisseau. Alors, quelle leçon tirer de cet exemple ? Si vous êtes comme celui qui, vêtu d'une salopette, patauge dans la boue, le fumier ou le cambouis, vous ne reculerez devant aucune saleté. Mais si un jour vous réussissez à atteindre le monde de la véritable beauté, qui est pure lumière, et si votre aura est imprégnée de cette lumière, vous n'aurez plus aucune envie d'aller vous plonger n'importe où pour salir ce magnifique vêtement.

La stabilité est la qualité de celui qui, ayant compris une vérité et l'ayant acceptée dans son cœur, dans son âme, dans son esprit, non seulement ne la laisse jamais s'effacer, mais en fait une règle de vie, un programme. Et c'est une qualité très rare.

On dit de Dieu qu'Il est fidèle et véridique, c'est-à-dire stable et immuable dans son amour et sa sagesse. Sur l'Arbre séphirotique, ce sont les Trônes, les Vingt-quatre Vieillards mentionnés dans l'*Apocalypse,* qui sont l'expression de la stabilité divine, et ils demeurent dans la séphirah *Binah.** Si vous vous efforcez de toujours maintenir, quoi qu'il arrive, l'idéal auquel vous vous êtes consacré, si vous restez sur le droit chemin, malgré les tentations, vous gagnez l'amitié des Vingt-quatre Vieillards. Et comme les Vingt-quatre Vieillards sont les maîtres du destin, ils décrètent un changement dans votre existence et beaucoup d'obstacles tombent devant vous.

* Voir tableau et notes, p. 374-376.

La musique, comme la parole, est un langage, mais ce langage s'adresse à des facultés différentes. La parole s'adresse plutôt à l'intelligence et, afin d'être comprise, elle demande de l'attention, de la concentration. La musique crée une ambiance, elle ne propose pas de sujet de réflexion, mais elle fait naître immédiatement des sensations ; elle s'adresse donc plutôt au cœur, à la sensibilité qui est une autre forme de compréhension. D'une certaine façon, la parole touche aussi la sensibilité, mais secondairement ; elle s'adresse avant tout à l'intelligence, il faut d'abord avoir compris son sens pour ressentir une émotion.

Dans votre vie il est important que vous vous habituiez à consacrer du temps à ces deux formes de langage, la parole et la musique, pour pouvoir développer harmonieusement ces deux facultés : la réflexion et la sensibilité.

Depuis l'apparition de la psychanalyse on emploie beaucoup le mot « inconscient », et ce mot peut être pris au sens large ou au sens étroit. Au sens large, l'inconscient embrasse tout ce qui n'est pas la conscience, c'est-à-dire ce petit écran sur lequel se reflètent à peine quelques bribes d'images et de pensées ; et ces images et ces pensées se multiplient au fur et à mesure que l'écran s'élargit et s'éclaire. En ce sens, l'inconscient contient le bien et le mal, le ciel et l'enfer, le passé et l'avenir… Compris dans un sens étroit, l'inconscient représente uniquement le moi inférieur, cet héritage de tendances purement instinctives et animales qui remontent aux temps préhistoriques et qui sont transmises à l'homme à sa naissance.

La Science initiatique comprend l'inconscient au sens large et elle le divise donc en deux parties : une partie inférieure qui est ténèbres, abîme, et une partie supérieure qui est lumière. Dans ce qu'elle nomme inconscient, le subconscient (le moi inférieur) et la superconscience (le Moi supérieur) représentent les deux pôles.

La beauté, le charme, les qualités morales ou intellectuelles… chacun croit savoir ce qu'il aime chez tel homme ou telle femme. En réalité, chacun n'aime que l'Unique, le Créateur, qui a fait des êtres ce qu'ils sont. Oui, c'est Lui que vous aimez à travers toutes les créatures. Plus le divin se manifeste en elles en tant que bonté, sagesse, beauté, lumière, force, plus vous les aimez.

C'est pourquoi vous ne pourrez jamais trouver la plénitude et la joie parfaite si dans l'être que vous aimez vous ne cherchez pas, au-delà, une réalité plus vaste, plus riche. Très vite vous en aurez fait le tour, et vous vous ennuierez, vous serez déçu. Vous chercherez alors un autre amour, mais très vite encore, le même ennui, la même déception vont se répéter. Toutes les objections, tous les efforts que vous pouvez faire n'y changeront rien : tant que vous ne chercherez pas à voir la Divinité chez celui ou celle que vous aimez, vous ne connaîtrez pas la plénitude, parce que vous vous serez trompé de chemin.

Dans les messages que nous recevons chaque jour du monde invisible, le vrai et le faux sont souvent mélangés, et nous devons être capables de faire le tri. Car il faut le savoir : le monde invisible n'est pas uniquement peuplé de créatures favorables aux humains, et beaucoup s'amusent à les tenter, à les tromper. Comment est-il possible qu'ils ne voient rien des manigances de ces entités ? Mais tout simplement parce qu'ayant quitté ces régions spirituelles que la tradition a appelées le Paradis, pour descendre dans les régions obscures de la matière, les humains ne peuvent plus percevoir clairement les réalités du monde invisible.

Heureusement, il existe des entités lumineuses qui acceptent de nous aider. Tout dépend donc des efforts que nous faisons pour nous rapprocher de ces entités qui nous instruisent sur les beautés mais aussi sur les dangers du monde invisible.

Tant que vous ne travaillez pas pour la fraternité universelle, vous travaillez contre vous-même, car vous ne développez pas votre vraie nature, votre nature de fils de Dieu.

Pourquoi sommes-nous venus sur la terre ? Pour apprendre à y vivre en frères de tous les hommes. Si, à travers nos différentes activités, nous ne nous efforçons pas de nous conduire correctement avec les autres pour les comprendre, les aider, les soutenir, non seulement nous leur rendons la vie difficile, mais nous gâchons aussi la nôtre. Voilà la vérité. Mais quels sont ceux qui savent ce qu'ils viennent faire sur cette terre ? La plupart n'ont pas encore compris qu'ils sont dans une école où ils doivent apprendre à vivre en frères, et ils s'y conduisent comme de très mauvais élèves : ils n'auront donc pas le diplôme et devront recommencer la classe. En attendant, quel gaspillage de temps et d'énergie, et surtout quelles souffrances !

Imaginez qu'il y a quelques centaines d'années un homme, qui voulait amener l'eau dans son jardin, ait aménagé une rigole au flanc d'une montagne… Peu à peu, sous l'effet des conditions atmosphériques : la pluie, le vent, le gel, le soleil… cette rigole n'a cessé de se creuser, de s'élargir, et voilà maintenant une vallée !

De la même façon, quand vous faites un geste, prononcez une parole, lancez un regard, donnez un sourire, chacun de ces mouvements s'inscrit dans la matière astrale, et toutes les forces du monde psychique travaillent comme les forces de la nature à façonner cette matière. Si vous avez inscrit quelque chose de bon, après un certain temps vous vivrez dans la joie, la paix. Mais attention, si vous avez inscrit quelque chose de négatif… ! Évidemment, les résultats n'apparaissent pas tout de suite, mais patientez et vous verrez les sillons que vous avez tracés dans votre cœur, dans votre intellect et dans votre âme, devenir de véritables vallées, des vallées de larmes ou de joies.

Les représentations de Dieu, du Christ, de la Vierge, des saints ont pu être considérées comme des marques d'idolâtrie et ont donné lieu dans les premiers siècles du christianisme à d'interminables controverses. En réalité la question n'est pas l'existence ou non d'images saintes, la question est de savoir comment les considérer.

Les Initiés ont sur ce point une attitude très sage : ils n'ont pas besoin de statues ni d'icônes, mais ils les considèrent avec respect, parce qu'ils savent que toute une science et toute une pédagogie ont présidé à leur création. Une image, une statue n'est pas un objet de culte, mais seulement un instrument, un support pour la pensée, pour la prière. Et cette loi n'est pas seulement valable pour les images saintes, mais pour tout ce qui existe : à travers les êtres et les objets eux-mêmes, nous pouvons toujours entrer en communication avec des réalités plus lointaines, plus élevées.

N'acceptez jamais la philosophie matérialiste de l'évidence qui fait dire à la plupart des gens : les choses sont ainsi, on n'y peut rien. Repoussez aussi tous les raisonnements qui justifient vos faiblesses en leur attribuant des causes naturelles : je suis fait comme ça, c'est ma nature, et on ne peut pas lutter contre la nature.

De même, si la maladie se présente et veut s'installer en vous, tâchez de résister. Même malade, efforcez-vous d'entretenir l'idée de la santé car dans un corps malade il reste toujours quelques cellules saines qui peuvent sauver les autres. Par la force de votre esprit refusez donc toutes ces évidences : évidence de la maladie, évidence de la faiblesse, des situations difficiles, de l'échec... Par cette attitude vous sauverez au moins un atome dont l'influence finira peut-être par gagner tous les autres.

« Mon Père et moi nous sommes un ». Si Jésus a pu prononcer une phrase pareille, c'est qu'il avait fait un gigantesque travail sur lui-même. Et c'est ce travail que nous devons nous efforcer de faire, nous aussi, après lui, en suivant son exemple.

Dieu vit en nous et son Royaume est aussi en nous. Celui qui prend conscience qu'il est inséparable du Créateur, y voit de plus en plus clair pour résoudre ses problèmes et faire le bien autour de lui. Tandis que celui qui sent Dieu extérieur à lui est abandonné à ses seules ressources qui sont bien limitées. Ce travail d'identification avec la Divinité, on le retrouve dans la pratique hindoue du Jnani-yoga, le yoga de la connaissance. Le yogi apprend à méditer sur la formule : « Moi, c'est Lui » (Lui, c'est-à-dire le Principe divin) et il la prononce jusqu'à ce qu'elle devienne en lui chair et os. À ce moment-là son moi limité, personnel, n'existe plus : c'est Lui seul, le Seigneur, qui existe en lui, et à partir de ce moment-là il peut faire des merveilles.

Maintenant que la littérature ésotérique est devenue à la mode, on voit de plus en plus de gens s'intéresser à la Kabbale sans aucune conscience des périls qui les menacent. En réalité, la Kabbale est une science tout à fait spéciale qu'il est même conseillé de ne pas entreprendre avant l'âge de quarante ans. Et encore, pas n'importe qui : seulement ceux qui en ont les capacités mentales, psychiques, et que leurs qualités morales empêcheront d'utiliser ces connaissances dans un but personnel.

La Kabbale est une doctrine mystérieuse, difficile et même dangereuse pour tous ceux qui ne sont pas de taille à l'aborder. La preuve en est cette anecdote rapportée par la tradition juive. Quatre rabbins s'étaient réunis avec l'intention d'étudier la Kabbale ; après quelque temps, le premier y renonça, le deuxième devint fou, le troisième se suicida, seul le quatrième poursuivit son étude et en reçut de grandes bénédictions. Il vaut donc la peine de réfléchir avant de s'aventurer dans cette science sacrée qu'est la Kabbale.

La matière n'existe pas uniquement dans le plan physique, mais aussi dans le plan éthérique, dans le plan astral et dans le plan mental. Les Initiés eux-mêmes s'occupent de travailler sur la matière, sinon comment auraient-ils pu établir les bases de l'alchimie, de l'astrologie, de la magie ?... S'ils s'occupaient seulement de l'esprit, comment auraient-ils appris tous les secrets des minéraux, des plantes et du corps humain ? Seulement ils comprenaient la matière d'une façon beaucoup plus large, beaucoup plus vaste que les savants actuels, qui ne savent même pas encore ce qu'elle est réellement.

Et d'ailleurs, les physiciens ont déjà eu quelques surprises : toutes leurs connaissances au sujet de la matière sont maintenant bouleversées, et ils ont de plus en plus tendance à considérer la matière comme une sorte d'énergie. Mais d'ici quelque temps, ils feront encore bien d'autres découvertes, et ainsi peu à peu ils s'approcheront de la science des Initiés.

Quelqu'un se dit : « Des responsabilités, moi ? Pas question ! Je ne me marierai pas, je n'aurai pas d'enfants, je refuse d'être ligoté : je veux être libre ! » Mais croyez-vous qu'il sera libre ? Non, intérieurement il sera encore plus limité que les autres qui ont accepté des responsabilités, des contraintes, car cette volonté d'être libre ne lui a pas été inspirée par un idéal noble et désintéressé.

La liberté n'existe pas là où généralement les humains la cherchent, ni sous la forme qu'ils imaginent. Tous ceux qui cherchent la liberté en refusant ou en abandonnant des responsabilités pour vivre une vie facile dans l'égoïsme et les plaisirs, deviennent les esclaves des esprits inférieurs auxquels ils sont en train d'ouvrir les portes. On ne doit chercher la liberté que pour pouvoir mieux se mettre au service du Seigneur et de ses frères humains.

Dans une société on peut distinguer trois catégories d'individus qui correspondent à trois niveaux de conscience. Ceux qui veulent travailler seuls, isolés, repliés sur eux-mêmes. Ceux qui ont compris les avantages qu'ils peuvent tirer de la vie collective et qui se regroupent, mais seulement parce qu'ils y ont intérêt. Et enfin ceux qui apprennent à vivre plus fraternellement en approfondissant de plus en plus en eux-mêmes la conscience de l'universalité.

Bien sûr, chaque individu doit travailler à son propre développement, à son propre enrichissement, mais à condition qu'il ne le fasse pas uniquement pour lui-même, mais pour le bien de la collectivité. À ce moment-là, on ne parle plus seulement de collectivité mais de fraternité. La collectivité n'est pas encore une fraternité. Une fraternité est une collectivité où règne une véritable cohésion, car chaque individu y travaille consciemment pour le bien de tous.

On ne peut pas nier que nous avons chaque jour toutes sortes d'occasions d'être troublés, malmenés, bousculés ; mais nous pouvons malgré tout sauvegarder ou rétablir en nous des états de conscience supérieurs. Comment ? En prenant l'habitude de vivre dans la vigilance, dans une attention constante au monde divin. Et c'est dès le matin que nous devons penser à faire tous les gestes de la vie quotidienne en gardant nos pensées fixées sur le Ciel.

Décidez-vous au moins à essayer… Quelque temps après vous constaterez que rien n'arrivera à vous ébranler très longtemps. Une mauvaise nouvelle, une maladie, un accident sont des événements qui peuvent vous bouleverser, et c'est normal. Mais si vous avez pris l'habitude de maintenir votre pensée concentrée sur le monde divin, vous surmonterez beaucoup plus vite ces épreuves. Car c'est à l'esprit que Dieu a donné la toute-puissance.

Aux premiers hommes Dieu avait donné la terre à cultiver et à peupler. Mais cette terre, ce n’est pas seulement cette étendue physique sur laquelle nous nous déplaçons et travaillons, c’est aussi une terre bien particulière : notre tête. Ce qui se passe dans notre tête est le reflet de ce qui se passe sur la terre, et inversement. S’il y a toujours des guerres sur la terre, c’est qu’il y a toujours des guerres dans la tête des humains. Même les cinq continents y sont représentés : l’Afrique, l’Asie, l’Amériquc, l’Océanie, l’Europe. L’occiput, par exemple, représente l’Afrique…

L’idéal du disciple, c’est d’avoir une tête magnifiquement construite. D’après la structure de leur tête un Maître spirituel reconnaît la nature de la « terre » sur laquelle vit chaque être humain.

Dieu a parlé et continue à parler à travers toute la création et dans le cœur de l'homme lui-même. Il est donc inexact de dire qu'Il a parlé seulement à tel Initié, à tel prophète : il serait plus juste de dire que certains êtres L'ont mieux entendu que d'autres.

Et il faudrait ajouter aussi que ce que ces êtres ont entendu et rapporté était nécessairement déterminé par la situation, les problèmes et les mentalités de leur temps. Concernant les grands principes, ils ont tous dit la même chose ; mais quand on entre dans le détail, on se rend bien compte que des prescriptions qui étaient sans doute acceptables, et même peut-être nécessaires, il y a quelques siècles, parce qu'elles répondaient à certains besoins et représentaient alors un véritable progrès, ne peuvent plus être acceptées aujourd'hui. Dieu parle, Il ne cesse de parler, mais chacun l'entend selon son degré d'évolution.

Le centre et la périphérie, tout comme le sommet et la base, sont les deux pôles entre lesquels nous ne cessons d'osciller. La périphérie et la base représentent toutes ces sollicitations de notre nature inférieure qui nous font abandonner notre place, là, au centre ou au sommet, où non seulement nous maîtrisons notre propre existence, mais où nous sommes capables d'assumer nos responsabilités envers les êtres.

Chaque homme, chaque femme qui a des devoirs en tant que parent, enseignant, éducateur, chef d'entreprise, responsable politique, etc., doit chercher ce centre, ou ce sommet, d'où il lui sera possible de manifester une égale attention, une égale bienveillance à l'égard de toutes les créatures. Pour contribuer au bicn de l'humanité, il faut pouvoir trouver ce point de vue qui nous place au-dessus des préjugés et des a priori. En méditant sur le soleil nous nous approchons de ce point de vue. Parce qu'il est au centre et reste au centre, le soleil maintient tout un monde en équilibre, et les planètes gravitent autour de lui en un mouvement harmonieux.

Quel que soit le degré d'évolution qu'il ait atteint dans ses précédentes incarnations, tout homme qui descend sur la terre doit recommencer son instruction et son apprentissage. C'est une loi. Même les grands esprits du passé qui reviennent s'incarner sont obligés de s'instruire à nouveau. La différence avec tous les autres êtres humains, c'est qu'ils obtiennent très vite de grands résultats. Mais tous, sans exception, doivent recommencer le travail pour que leurs qualités se manifestent dans cette vie.

Si Mozart n'avait pas trouvé dans une famille de musiciens les conditions nécessaires à l'apprentissage et au développement des dons qu'il rapportait du passé, son génie ne se serait peut-être pas manifesté de façon aussi éclatante. Et même les plus grands Initiés, en dépit des pouvoirs et du savoir qu'ils ont acquis dans leurs précédentes incarnations, doivent travailler pour retrouver ce savoir et ces pouvoirs. Alors, combien plus tous ceux qui ne sont pas arrivés à un pareil degré d'évolution !

Vous avez tendance à considérer les obstacles, les épreuves, les chagrins comme des ennemis qui n'auraient pas le droit de vous attaquer. Eh bien, détrompez-vous, ils en ont le droit. Il faut donc accepter leurs attaques en sachant que, même si pendant une période vous vous sentez affaibli, découragé, beaucoup de choses marcheront mieux ensuite. Et c'est vrai, après un moment de faiblesse où vous perdez tout courage, vous retrouvez à nouveau des énergies inouïes. D'où sont-elles venues, ces énergies ? C'est le découragement qui vous les a apportées, oui.

Bien sûr, il faut être prudent et surveiller que ce découragement ne soit pas plus fort que vous, qu'il ne vous entraîne pas, tel un torrent, et finisse par vous noyer. Acceptez-le comme quelque chose d'inévitable, tout en vous surveillant. Oui, voilà encore un exercice… Alors, ne demandez plus désormais de ne pas être découragé, mais seulement de bien comprendre cet état, car il apporte des richesses, des trésors inouïs.

Les quatre lettres du nom de Dieu : Iod Hé Vav Hé ה ו ה י peuvent être interprétées comme ces quatre aspects de la Divinité que sont la couleur, le son, la forme et le mouvement. Car l'univers, on peut dire aussi la nature, émanation du Créateur, se manifeste essentiellement par ces quatre modes et leurs multiples combinaisons. À travers la couleur, le son, la forme et le mouvement c'est toujours Dieu comme unique réalité qui se révèle, mais sous différentes expressions. Il est donc très important d'approfondir chacune de ces expressions, car chacune est un langage que nous devons interpréter pour savoir ce que le Créateur a à nous dire.

Et si on doit encore approfondir les quatre lettres du nom de Dieu, on y découvrira ces quatre parties fondamentales de la Science initiatique que sont la Kabbale, l'astrologie, la magie et l'alchimie, et qui sont représentées dans l'être humain par la tête (la Kabbale), les poumons (l'astrologie), l'estomac (l'alchimie), les mains et le sexe (la magie).

Le silence est la condition de la pensée. C'est donc en cherchant à introduire le silence en vous que votre pensée, dégagée de tout ce qui l'entrave, deviendra capable des créations les plus lumineuses. Ce qui limite les possibilités de la pensée, ce sont de petites choses qui viennent de très bas : les soucis, les inquiétudes, les rancunes, toutes ces préoccupations prosaïques qui empoisonnent la vie quotidienne.

Libérez votre pensée afin de construire en vous un haut idéal, et chaque jour l'embellir, le renforcer, l'amplifier, l'intensifier, le diviniser… chaque jour lui ajouter un élément plus beau, plus pur, plus désintéressé. Car un idéal est un être vivant, puissant, réel, qui habite les régions célestes ; de là-haut il s'occupe de vous, il ne vous laisse pas vous égarer, il vous protège, il vous instruit, il vous inspire. Mais c'est vous, en bas, qui devez l'alimenter.

Toutes les manifestations dans le plan physique sont la concrétisation d'éléments qui existent dans les mondes subtils. C'est pourquoi on peut dire que toutes les maladies qui frappent les humains ont pour origine leurs propres faiblesses, et c'est donc eux qui fabriquent leurs maladies. Chaque maladie est la conséquence d'un désordre déterminé. Et le cancer, qui se manifeste par une prolifération anormale, désordonnée de cellules, est la conséquence d'un dérèglement, d'une anarchie.

Pour vous prémunir contre le cancer, vous avez, bien sûr, des précautions à prendre dans le plan physique avec la nourriture, l'air, etc. Mais avant tout, travaillez sur l'harmonie. Chaque jour restez conscient, vigilant, afin de ne jamais accepter longtemps en vous un état de désordre. Chaque état émet des vibrations qui se propagent jusque dans les cellules du corps, et un état d'anarchie s'oppose à la bonne circulation des courants, créant des tumeurs que l'organisme un jour ne peut plus combattre.

Rien n'est plus important que d'avoir un haut idéal. Mais n'ayez pas d'illusions, ce n'est pas pour autant que votre entourage reconnaîtra vos efforts, votre travail, et qu'il vous manifestera respect et considération. À l'extérieur, vous continuerez à devoir affronter toutes sortes de situations désagréables ; oui, mais seulement à l'extérieur. À l'intérieur il en sera tout autrement.

Donc, tandis qu'intérieurement vous vivrez dans la paix et dans la joie, à l'extérieur il y aura toujours des gens pour vous combattre. Et il y aura aussi ceux qui, voyant en vous « une bonne poire », se précipiteront pour vous exploiter sans scrupule, et ensuite ils s'en iront sans même une marque de reconnaissance. Mais ça ne fait rien, persévérez afin de conserver les bénédictions que vous donne votre haut idéal.

Connaître une chose, c'est la goûter. Quand le premier homme vivait encore dans le sein de l'Éternel en communion constante avec Lui, rien ne lui était caché ; la vie divine dans laquelle il était plongé était sa source unique et parfaite de connaissance. Si vous voulez retrouver quelque chose de cette connaissance primordiale, vous devez communier avec l'univers, avec l'océan de la lumière cosmique.

Tant qu'on n'arrive pas à s'élever jusqu'à cet état de conscience que l'on appelle communion, fusion, on ne peut pas goûter la réalité, on ne peut pas la connaître. On fait des suppositions, on a quelques lueurs grâce auxquelles on s'en rapproche plus ou moins, mais ce n'est jamais exactement ça. « Alors, direz-vous, les explications que vous nous donnez ne servent pas à grand-chose ? » Elles servent à stimuler votre curiosité, à vous donner l'envie de faire certains efforts, certaines expériences, pour pouvoir vivre enfin cet état de fusion qui vous donnera la vraie connaissance.

Celui qui est dans le vrai se distingue par toutes sortes de qualités, mais surtout par sa bonté, sa noblesse, son désintéressement. C'est pourquoi, quand je vois quelqu'un prétendre posséder la vérité alors qu'il est haineux, hargneux, vindicatif, j'ai envie de lui dire : « Si c'est ça la vérité, il ne vaut pas la peine de faire le moindre effort pour s'en approcher. » Mais les humains ont rarement ces critères. Ils voient des énergumènes prêcher la haine et la violence au nom de la vérité, et ils sont prêts non seulement à les suivre, mais à les imiter jusqu'au crime.

Ne croyez jamais celui qui prétend avoir la vérité s'il ne vous montre pas son diplôme. Et ce diplôme n'est pas un morceau de papier, c'est un diplôme vivant que les sages et les esprits de la nature même peuvent lire de loin, car il brille, il lance des rayons. Quand on rencontre un tel être, on a la sensation d'être éclairé, réchauffé, comme si on assistait à un lever de soleil.

9 Mars

Un repas est une cérémonie magique, grâce à laquelle la nourriture qui entre dans votre organisme doit se transformer non seulement en santé, en force, mais aussi en amour et en lumière. Alors vous devez être attentif à l'état dans lequel vous êtes quand vous mangez. Vous ne l'avez pas constaté ? Quand vous mangez dans des états de colère, de révolte, pendant des heures vous ne pouvez plus retrouver votre paix, parce que par vos pensées et vos sentiments vous avez mal influencé la nourriture.

Tout est sacré dans la vie, tout a un sens. Si vous introduisez des vibrations nocives dans la nourriture que les intelligences de la nature ont préparée dans le but d'entretenir la vie en vous, d'une façon ou d'une autre vous paierez cette négligence et ce manque de respect. L'état dans lequel vous mangez s'enregistre quelque part dans votre organisme, et de cet état dépend votre santé, bonne ou mauvaise.

« Il me manque ceci… On me doit cela… On ne m'aime pas… On ne pense pas à moi. » Voilà ce qu'on entend partout, mais ce n'est pas avec ce genre de plaintes et d'exigences que les humains feront venir le bonheur, au contraire, ils se préparent une existence de déceptions et de souffrances. Qu'ils commencent par s'occuper un peu moins d'eux-mêmes et un peu plus des autres, et bientôt tout ira mieux.

Qu'il vous manque certaines choses, c'est évident, mais dites-vous bien qu'il vous en manquera toujours, et si vous persévérez dans une attitude négative, il vous en manquera encore davantage. Alors, oubliez un peu ce qui vous manque et réjouissez-vous de ce que vous avez. Quand on a la possibilité d'embrasser l'univers entier par la pensée, de communier avec toutes les créatures lumineuses qui le peuplent, que faut-il encore pour comprendre qu'on est riche, comblé, et qu'on peut même aider les autres ?… Tant qu'il ne vous viendra pas à l'idée de rendre les autres heureux, vous ne serez jamais heureux vous-même.

L'être humain doit commencer par prendre conscience des différents éléments qui le constituent : l'esprit, l'âme, l'intellect, le cœur, la volonté, le corps physique, et ensuite s'efforcer de les accorder entre eux. Ce qui est évidemment très difficile. Mais tant qu'il n'y est pas arrivé, tant qu'il n'a pas réussi à faire l'unité en lui, il ne peut pas entrer en possession de tous ses moyens.

Un des buts d'une École initiatique, c'est de nous apprendre à créer cette unité, à faire converger toutes nos activités, toutes nos facultés vers un point. Que ce soit l'âme, l'esprit, l'intellect, le cœur, le ventre, le sexe… nous devons leur donner pour but notre perfectionnement, l'illumination de tout notre être. Une fois cette unité réalisée en chacun de nous, tous ensemble nous pouvons nous concentrer sur la lumière, afin de produire des effets bénéfiques sur le monde entier.

L'idée de Maître spirituel frappe les imaginations et donne lieu à toutes sortes de représentations fantaisistes. En réalité, un Maître spirituel est un être qui est parvenu à dominer ses pensées, ses sentiments et ses actes. « Que ça ? diront certains, ce n'est pas grand-chose !... » En réalité, tout est là. Dominer ses pensées, ses sentiments et ses actes sous-entend une discipline, des méthodes spéciales fondées sur un très grand savoir. Ce savoir concerne la structure de l'être humain, les forces qui circulent en lui, les correspondances qui existent entre tout son être (c'est-à-dire son corps physique et ses corps subtils) et les différents plans des mondes visibles et invisibles. Car être maître de soi suppose que l'on connaisse la structure de l'univers entier et les entités qui l'habitent.

Un Maître spirituel est un être qui a compris et résolu les problèmes essentiels de la vie. Il est libre, il possède une volonté forte, et par-dessus tout il est rempli de lumière, d'amour, de bonté et de douceur.

Jésus disait : *« Vous avez reçu gratuitement, donnez gratuitement. »* Donner gratuitement ? Quelle utopie ! penseront la plupart des gens. Et pourtant, pour celui qui prend la peine d'approfondir ces paroles, rien n'est plus logique.

Notre Père céleste nous a comblés de ses bienfaits, à commencer par notre corps physique avec toutes ses possibilités, ainsi que toutes nos facultés intellectuelles et spirituelles que nous pouvons exercer librement. Et Il nous a aussi donné tout l'univers qui nous entoure avec sa beauté et ses richesses. Que Lui avons-nous payé pour tout cela ? Rien. Et Il ne nous demande rien, excepté de ne pas détruire cette richesse et cette beauté, de ne pas non plus l'accaparer pour nous-même, mais surtout d'apprendre à nous servir de ce que nous possédons pour aider nos frères humains.

J'ai reçu un jour la visite d'un jeune homme qui venait de se fiancer. Il éprouvait des difficultés à exprimer ce qu'il ressentait, et il a fini par dire : « Quand je plonge mes yeux dans les yeux de ma fiancée, je ne sais pas vraiment qui je regarde, et je ne sais pas non plus ce qui en moi la regarde… » Et c'est vrai, l'identité des êtres est un grand mystère. Quelles sont les entités qui nous habitent et qui habitent aussi les membres de notre famille, nos amis, tous ceux qui nous entourent ?… Il est impossible de savoir exactement qui nous avons devant nous.

Alors, j'ai dit à ce jeune garçon : « Votre fiancée est habitée par des entités qui mettent en elle ce qui vous la fait aimer. Priez donc pour que Dieu ne permette pas que ces entités la quittent et vous quittent, parce qu'à ce moment-là vous perdriez votre amour. Et priez aussi pour que les entités qui vous habitent, et qui font qu'elle vous aime, ne vous quittent pas non plus. » J'ai senti qu'il m'écoutait très attentivement et il est reparti tout pensif.

La loi de la nécessité, la loi de la volonté libre, la loi de la Providence divine. Ces trois lois régissent la destinée de trois catégories d'êtres.

À la loi de la nécessité sont soumis tous ceux qui, au cours de leurs incarnations successives, n'ont cherché que la satisfaction de leurs besoins les plus grossiers. Ils se sont tellement enfoncés dans la matière qu'ils n'ont plus aucune liberté de mouvement ; il n'y a pour eux qu'une voie, très dure, sur laquelle ils sont contraints de marcher.

La loi de la volonté libre gouverne des êtres plus évolués. Même si leur liberté est limitée, dans leurs vies antérieures ils ont pensé et agi de telle sorte qu'il leur est permis maintenant de décider de leur orientation.

Quant à la loi de la Providence divine, elle gouverne les Initiés, les grands Maîtres qui ont toujours travaillé pour la lumière. Devant leurs yeux, la vie est vaste et splendide, et ils sont réellement libres, puisque la lumière est en eux.

Combien parmi les humains ont conscience que la vie ne s'arrête pas aux manifestations physiques qui se présentent sous leurs yeux, mais qu'elle est illimitée dans le temps et dans l'espace ? Combien sentent qu'il y a une Existence au-dessus de leur existence et que c'est vers Elle qu'ils devraient diriger leur pensée ? Leurs recherches, leurs préoccupations sont tellement limitées ! Jamais elles ne pourront leur révéler ce qu'est la vie véritable, la vie qui jaillit de Dieu.

Mais vous, ici, qui êtes dans une École où on vous enseigne la science de la vie, comment la comprendre et la réaliser, tâchez de prendre cette science au sérieux. Quoi que vous ayez à faire au cours d'une journée, cherchez à vous mettre dans des dispositions d'esprit telles que vous sentiez la vie divine couler en vous, et qu'à travers vous elle vivifie aussi toutes les créatures, tous les objets autour de vous.

Chaque semence reçoit de l'arbre qui l'a produite les éléments nécessaires pour pouvoir, une fois mise en terre, croître et devenir comme son père, l'arbre. Par son apparence, la graine est différente de l'arbre, mais dans le plan subtil elle porte inscrite en elle l'image de l'arbre. C'est pourquoi, placée dans des conditions favorables (le terrain, la température, l'eau, la lumière), la graine devient en tous points semblable à l'arbre.

DS Ce symbole de la graine nous permet de comprendre les versets de la *Genèse* où il est dit que Dieu a créé l'homme *« à son image et à sa ressemblance »*. L'homme est une graine qui a pour prédestination de devenir un jour comme l'Arbre cosmique dont elle est tombée. C'est pourquoi toute son activité doit consister à se rapprocher consciemment de l'image de son Père céleste qu'il porte en lui, et à vibrer à l'unisson avec Lui afin de Lui ressembler.

Un Maître spirituel a toutes les possibilités de veiller sur ses disciples. Il lui suffit de jeter un regard dans l'invisible pour être renseigné sur leur état intérieur. Tous ceux qui n'ont pas fléchi et qui continuent à marcher sur le chemin de la lumière, il les sent présents. Tandis que ceux qui sont allés s'égarer sur d'autres chemins, il ne les sent pas, et cette absence a un sens très clair pour le Maître. Il ne se demande pas pourquoi ils ne sont pas là, il le sait déjà : quelque chose les a retenus. Et quelle est cette chose qui empêche le disciple d'être présent dans la chambre de la lumière ? En tout cas, ce ne doit être ni la bonté, ni la pureté, ni l'amour divin…

Des réunions se tiennent dans le monde invisible, et si certains n'assistent pas à ces réunions, c'est qu'ils ont été retenus par des désirs, des passions, des activités pas très catholiques qui les ont emprisonnés et ligotés. Tandis que ceux qui sont fidèles et véridiques sont là présents par leur entité spirituelle.

Si on répartit les quatre sciences, alchimie, astrologie, magie, Kabbale, entre les trois mondes, physique, psychique et spirituel, on peut dire que l'alchimie correspond au monde physique, l'astrologie et la magie au monde psychique, et la Kabbale au monde spirituel. Ces quatre sciences peuvent également être mises en relation avec notre propre organisme.

La Kabbale, qui étudie le monde des principes, correspond au cerveau.

L'astrologie étudie les influences, les courants de forces qui circulent dans l'univers, comme le sang et l'air circulent dans notre organisme, elle est donc en relation avec la région du cœur et des poumons ; et la magie qui étudie les moyens d'agir avec ces courants est en relation avec les mains. En effet, le monde psychique est formé de deux régions qui représentent ce que la Science initiatique appelle l'âme, car l'âme est une voie de passage des énergies entre l'esprit et le corps.

Enfin, l'alchimie, qui étudie l'art de la transformation de la matière, correspond à l'estomac, organe où s'accumulent les matériaux qui seront ensuite élaborés.

Chaque année, au début du printemps se célèbre l'union du soleil et de la terre. Le soleil féconde la terre-mère qui reçoit ses rayons et les absorbe pour produire une abondance de fruits.

Les Initiés, qui ont médité sur ce travail du soleil sur la terre, ont compris que ce processus de fertilisation se produit partout dans l'univers, jusque dans notre vie intérieure. Dans l'être humain, c'est l'esprit qui représente le soleil et l'âme qui représente la terre. Et au printemps, de même que la terre s'ouvre aux rayons du soleil, notre âme doit s'ouvrir aux rayons de l'Esprit divin afin d'être fertilisée.

Si vous n'êtes pas vigilant, ce qui n'est au début que petites contrariétés ou déceptions risque de prendre dans votre tête et dans votre cœur des proportions démesurées. Car il se produit la même chose qu'avec une boule de neige que vous commencez à rouler : au fur et à mesure, d'autre neige s'y ajoute et il arrive le moment où cette boule, devenue énorme, finit par obstruer votre chemin. Vous vous lamentez : « Je ne peux plus passer ! » Mais la faute à qui ? Qui a formé cette boule ?

« Alors, que faire maintenant ? » Grattez une allumette et approchez-la de cette boule de neige : la chaleur va la faire fondre, l'eau ira arroser vos jardins et vos vergers, et vous aurez une abondance de fleurs et de fruits. Voilà ce qu'il faut faire : allumez le feu de l'amour et l'amour fera fondre toutes les boules de neige en vous.

Seul compte le travail ; et quand le disciple a trouvé le véritable travail, il ne doit plus s'arrêter.

Le Maître Peter Deunov avait l'habitude de répéter ces trois mots : « Rabota, rabota, rabota... Vrémé, vrémé, vrémé... Véra, véra, véra. » C'est-à-dire : « Le travail, le temps, la foi ». Jamais il n'a expliqué pourquoi il répétait ces trois mots, mais cela m'a beaucoup fait réfléchir, et j'ai compris qu'il avait condensé là toute une philosophie de la vie. Donc, voilà : le travail, mais aussi la foi qui est nécessaire pour l'entreprendre et le continuer, et surtout le temps. Car ce n'est pas parce qu'on désire ardemment quelque chose qu'on le réalise rapidement. Il faut être patient, très patient. Eh oui, les années et les années passent et je connais maintenant ce qu'est « vrémé »...

Quel privilège de pouvoir contempler le lever du soleil ! C'est pourquoi chaque année, au retour du printemps, préparez-vous pour ces moments uniques. Aucune présence au monde ne peut comme le soleil introduire en vous l'ordre et l'harmonie, vous donner la lumière, l'amour, la paix, la joie. C'est la source qui jaillit, qui vibre, qui coule… Lorsque vous parvenez à vous plonger dans ce flot de lumière, vous ne pouvez plus vous en arracher.

Et si vous arrivez très tôt, avant même le lever du soleil, pour voir les premières lueurs, l'aube qui point, vous êtes saisi d'un sentiment sacré. C'est comme si toute la nature était en train de célébrer un mystère. Vous vous sentez obligé de marcher différemment pour ne pas troubler l'atmosphère, et c'est cela aussi la vraie poésie. Comment ne pas souhaiter que tous les humains puissent un jour sentir cette beauté, cette pureté, cette vie abondante, et s'y abreuver ?

Quel que soit votre idéal spirituel, n'oubliez pas que vous participez du monde physique. Or, le plan physique résiste, il ne se soumet pas si facilement, il ne comprend que la force physique. Voici son raisonnement : « Vous dites sur la puissance de l'esprit des choses très justes, mais cela ne concerne pas le monde qui est le mien. Seules les puissances de la matière peuvent s'imposer à moi. »

On est obligé de l'admettre : le plan physique ne connaît et ne reconnaît que notre corps physique, c'est-à-dire ce que nous pouvons faire avec les muscles de nos bras, de nos jambes, ou bien avec des outils et des appareils ; nos facultés psychiques et spirituelles ne l'impressionnent pas. Alors, cette affirmation d'après laquelle il est possible de s'affranchir des lois de la matière pour vivre sous les lois de l'esprit, nous devons arriver à la concilier avec les réalités du plan physique, car les deux coexistent, l'esprit et la matière.

L’eau circule à travers les veines et les artères de la terre pour l’alimenter, exactement comme le sang circule dans notre corps à travers nos veines et nos artères. L’eau est blanche, le sang est rouge. Le blanc et le rouge sont les deux couleurs de la même énergie divine manifestée à travers les deux principes : blanc pour la femme, rouge pour l’homme dans le plan spirituel ; et inversement, rouge pour la femme et blanc pour l’homme dans le plan physique.

En réalité, le sang qui est rouge et l’eau qui est blanche ne sont pas deux principes distincts, mais le même principe polarisé. Il en est de même pour le feu et la lumière. Le feu est rouge et la lumière blanche, mais ils sont de même nature. On peut dire qu’ils sont frère et sœur, mais aussi qu’ils procèdent l’un de l’autre. La lumière sort du feu, c’est le feu qui la fait naître. Tandis que le sang vient de l’eau, c’est l’eau qui produit le sang. Donc, en bas, le blanc produit le rouge, et en haut le rouge produit le blanc.

Les richesses spirituelles sont d'une nature extrêmement subtile, insaisissable même, mais celui qui est conscient de la valeur de ces richesses et s'efforce de les acquérir, possède le ciel et la terre. Pourquoi ne pas comprendre cela ?

Quelqu'un dira : « Mais vous ne m'apprenez rien : je sais que toutes nos possessions matérielles ne sont ni sûres ni durables, je sais qu'elles ne nous appartiennent jamais vraiment, je sais que nous devrons les abandonner un jour puisqu'il est impossible de les transporter avec soi dans l'autre monde. Mais même en sachant cela, j'ai besoin de vivre cette vie matérialiste, elle me plaît. » Et malheureusement, c'cst ainsi : même si l'intellect voit clairement une situation et combien il est avantageux d'adopter une certaine conduite, quand le cœur désire autre chose, que fera la volonté ? Elle suivra les désirs du cœur, elle ne fera que ce qui plaît au cœur. Pour vouloir vivre la vie vaste et riche de l'esprit, il faut l'aimer. Comprendre ne suffit pas.

Pourquoi des gens qui veulent sincèrement travailler pour la collectivité rencontrent-ils tellement d'échecs ? Parce qu'ils n'ont pas pensé qu'ils auraient dû d'abord se réunir pour faire un travail spirituel. Alors, maintenant, qu'ils y pensent ! Ainsi leurs désirs et leurs pensées deviendront tellement purs et lumineux qu'ils iront toucher très haut dans l'espace les entités, les éléments qui leur correspondent, et ils les attireront à eux. Ce sont ces entités, ces éléments qui les aideront à améliorer la situation, et beaucoup plus efficacement que toutes leurs critiques et leurs propositions de réforme.

Celui qui n'accepte pas cette façon de voir les choses doit s'attendre à des déconvenues, car les pensées et les sentiments qu'il remue au cours de tous ces affrontements avec les autres le maintiennent dans les régions inférieures des plans astral et mental. Un jour, il sera obligé de constater que tous ses efforts n'auront servi à rien ou à pas grand-chose : parce qu'il ne savait pas comment travailler.

Lorsque nous ouvrons nos yeux sur le monde, nous sommes d'abord frappés par sa richesse, sa diversité. Pourtant, cette diversité a pour origine une essence unique : l'émanation divine. L'univers s'est formé par condensations et différenciations successives, ainsi qu'il est dit dans la Table d'Émeraude où sont énoncés les principes d'alchimie : « Et comme toutes les choses sont et proviennent d'Un, par la méditation* d'Un, toutes les choses sont nées de cette chose unique par adaptation. » C'est parce que l'univers est fait d'une matière unique qu'à l'intérieur de cette matière le passage est possible d'un état à l'autre, d'une forme à l'autre.

Cette matière unique, la matière primordiale qui est la source de toutes les formes de vie, les alchimistes l'appellent « chaos ». Le chaos, c'est l'abîme que mentionnent les premiers versets de la *Genèse : « Il y avait les ténèbres à la surface de l'abîme et l'esprit de Dieu se mouvait au-dessus des eaux. »*

* ou « par la médiation d'Un », selon d'autres versions.

Combien de personnes se chagrinent de voir que leurs projets, leurs souhaits ne se réalisent pas ! Elles voulaient, par exemple, fonder une famille, elles ont tout essayé, mais en vain. Au lieu de se tourmenter et d'importuner les autres, qu'elles se demandent pourquoi c'est ainsi : elles auront certainement une réponse. Peut-être n'étaient-elles pas faites pour cette vie à laquelle elles aspiraient. Donc, non seulement la Providence leur a épargné des épreuves, mais elle les a laissées libres pour d'autres activités.

Il faut toujours s'efforcer de voir le bon côté de ce que la Providence nous a réservé. Mais les humains ne se posent pas de questions ; d'après eux ç'aurait été mieux autrement. Voilà pourquoi ils sont toujours malheureux, qu'ils soient mariés et qu'ils aient des enfants ou pas. Eh oui, le bonheur ne dépend pas de telle ou telle situation dans la vie, mais d'une compréhension correcte des choses. Le véritable bonheur échappe aux circonstances.

Sous prétexte d'affirmer leur indépendance, combien de jeunes prétendent qu'ils se passeront de l'expérience de leurs aînés ! Et dans la musique, la peinture, la poésie, le théâtre, etc., ils vont repartir à zéro… Mais ce n'est pas possible !

Que fait un romancier, un poète, un philosophe, un musicien, un peintre ? Il vit sa vie en même temps qu'il crée une œuvre, et celle-ci ne peut être que le reflet de ses expériences ; il lègue ensuite cette œuvre aux hommes qui s'en nourrissent. Siècle après siècle, s'est ainsi peu à peu constitué tout un héritage de pensées et de sensibilités que nous recevons, pour ainsi dire, dès la naissance. La réalité, c'est donc que nous sommes habités par la vie des autres, leurs pensées, leurs sentiments, leurs découvertes, leurs émerveillements, mais aussi leurs erreurs et leurs angoisses. Alors, de quelle indépendance peut-on parler ? La question est seulement de ne prendre que la meilleure part de cet héritage.

Efforcez-vous de sentir la vie partout dans l'univers et de communier avec elle, en sachant que c'est le soleil qui vous la présente sous ses aspects les plus purs et les plus intenses. Ainsi, vous créerez un courant nouveau dans toutes les cellules de vos organes, qui commenceront à fonctionner plus harmonieusement. Et en devenant vous-même plus vivant, plus expressif, vous attirerez peu à peu l'estime et l'amour des autres, car la vie est la seule chose que les humains recherchent.

Oui, et c'est même une vérité terrible. Voici une femme qui adorait son mari, mais le jour où il meurt, que fait-elle ? Est-ce qu'elle le garde encore auprès d'elle ? Non, du moment que la vie l'a quitté, elle se sépare de lui, car on ne peut pas garder près de soi ce qui n'a plus de vie. Alors, réfléchissez à cette question et efforcez-vous de toujours purifier et harmoniser la vie en vous.

Nous sommes en Dieu et Dieu est en nous. Si nous Le concevons comme une existence extérieure, cela veut dire que nous sommes aussi extérieurs à Lui, donc que nous sommes vis-à-vis de Lui comme des objets, et les objets, on les prend ou on les laisse selon ses besoins.

La cuisinière utilise des casseroles pour faire cuire le repas ; puis elle les range dans un placard jusqu'à la fois prochaine. Si les casseroles avaient une conscience, elles gémiraient : « Notre maîtresse nous a oubliées ! Quand elle se servait de nous, nous étions chauffées, la cuillère nous grattait, ça faisait un bruit agréable. Mais maintenant elle nous a abandonnées, quelle cruauté ! » Et vous, tant que vous croyez exister en dehors du Seigneur, vous êtes comme ces casseroles : vous avez la sensation qu'Il vous prend, puis qu'Il vous laisse de côté. Mais quand vous sentirez que vous êtes quelque chose en Lui, une partie de Lui, dans sa tête, dans ses organes, dans ses membres, vous serez sans cesse avec Lui, en Lui.

Parce qu'il est un résumé de l'univers, l'être humain est habité par le ciel mais aussi par l'enfer. L'enfer, c'est son subconscient, où grouillent toutes sortes d'entités, de forces obscures qui ne demandent qu'à être libérées. S'il cède à leurs réclamations, il se trouve exposé à de grands dangers, car elles iront partout faire des ravages. Puisqu'elles sont ainsi ligotées, c'est qu'il y a une raison.

De même que le chimiste ne doit pas libérer les gaz toxiques enfermés dans les placards de son laboratoire, l'être humain ne doit pas libérer les forces de son subconscient : les instincts, les passions. S'il les libère, c'est lui qui sera leur première victime. C'est seulement l'Esprit divin qu'il doit chercher à libérer en lui.

Pour traverser les épreuves de la vie, il n'y a pas de meilleure méthode que de se mettre au service du Seigneur, de travailler pour la venue de son Royaume. Travailler pour le bien de l'humanité de façon impersonnelle, c'est entrer dans la bonté, la générosité de la Grande Fraternité Blanche Universelle qui est en haut, toute cette multitude d'entités lumineuses qui veillent sur les humains et qui sont toujours prêtes à venir à notre secours. Elles prennent une partie de nos fardeaux et nous aident à supporter nos souffrances. Mais il faut comprendre que ce phénomène se produit dans la conscience. Ce n'est pas dans le plan physique, dans le plan matériel que nous sommes aidés, mais dans le plan psychique, dans le plan spirituel.

Alors, travaillez pour le Royaume de Dieu : comme tous les humains sur la terre, vous aurez à subir les épreuves de la vie, mais vous recevrez la lumière et les forces pour mieux les supporter.

C'est au nom de la vérité, de leur vérité, qu'on voit partout dans le monde des gens qui sont en train d'asservir les autres. Celui qui veut s'imposer ainsi doit savoir qu'il n'est pas un bon serviteur de la vérité, car il ne peut y avoir de vérité sans amour ni sagesse, et dans cette violence justement il n'y a aucun amour ni aucune sagesse. « Mais, direz-vous, si certains refusent la vérité, il faut bien la leur imposer ? » Non. Et d'ailleurs ça ne sert à rien : après un laps de temps plus ou moins long, les gens la rejettent.

Le Ciel interdit d'imposer la vérité par la force. C'est pourquoi l'enseignement des grands Maîtres est fait pour les êtres déjà préparés, des êtres qui, ayant déjà fait certaines expériences, ont compris que la vie véritable est dans le progrès spirituel. Pour ceux qui ne l'ont pas compris, il faut attendre que les événements de la vie viennent les instruire.

Pouvoir entrer sans cesse en relation avec toutes les créatures et avec les forces vivantes qui animent les pierres, les plantes, les montagnes, les sources, le soleil, les étoiles, c'est cela communier. En souvenir du dernier repas que Jésus prit avec ses disciples, les chrétiens vont à l'église recevoir le pain et le vin. Mais croyez-vous que cela suffit pour communier ? Celui qui sait véritablement communier est capable d'entrer en relation, par son amour et sa sagesse, avec toutes les créatures dans l'univers.

Le jour où nous donnerons à la communion sa véritable dimension, une dimension cosmique, nous pourrons dire que nous mangeons la chair du Christ et que nous buvons son sang. Dans toutes les régions de notre être, nous sentirons circuler des courants d'énergies abondantes et pures et nous saurons que c'est cela, la vie éternelle qui n'a ni commencement ni fin.

Le sang représente la vie qui circule dans l'espace, et cette vie est plus ou moins imprégnée de pureté, de lumière et de force. Même si chimiquement le sang de tous les humains est composé d'éléments identiques, toutes les créatures n'ont pas le même sang, sa qualité dépend de leur façon de vivre, de leurs qualités et vertus, de leur degré d'évolution.

En faisant sur la croix le sacrifice de sa vie, Jésus a libéré des puissances spirituelles inouïes qui ont agi pour l'évolution de l'humanité, car son sang était une des substances les plus précieuses qui soit tombée sur la terre, une condensation de la quintessence divine. Seule la lumière du soleil peut lui être comparée. Lorsque le sang de Jésus a coulé, les énergies célestes dont il était imprégné ont déclenché sur la terre des courants jusque-là inconnus qui allaient donner naissance à une nouvelle époque.

L'être humain fait partie de l'édifice cosmique ; mais il n'appartient pas à cet ensemble comme s'il était seulement une pierre, une plante ou un animal. En tant qu'être conscient, pensant, il a un autre rôle à jouer. Il faut qu'il connaisse tous les matériaux du monde psychique et du monde spirituel qui sont à sa disposition, et qu'il apprenne comment les utiliser pour édifier sa propre vie tout en participant à l'édification de la vie collective.

Tôt ou tard, chacun sera obligé de participer à la construction de cet édifice : la vie collective, la vie universelle. Tant qu'on mène une vie individualiste, égoïste, séparée du Tout, c'est comme si on se contentait d'entasser des matériaux sans être capable d'en faire quoi que ce soit. Malheureusement c'est le cas pour la majorité des humains : ils se contentent d'entasser des matériaux et ils croulent dessous. Il faut qu'ils se décident enfin à les utiliser en les faisant entrer dans la construction de la vie universelle.

Mourir et ressusciter, mourir pour ressusciter, ces deux expériences sont le but de l'Initiation, et dans le passé elles étaient accompagnées d'un rituel précis.

Par exemple, le disciple qui avait franchi avec succès les étapes préliminaires, était placé dans un sarcophage où il devait rester enfermé trois jours et trois nuits. Après lui avoir fait absorber certains breuvages et avoir prononcé au-dessus de lui des formules magiques, ses Maîtres le maintenaient dans une sorte d'état cataleptique. Ils détachaient ses corps éthérique et astral de son corps physique afin qu'il puisse voyager dans l'espace et visiter toutes les régions du monde d'en haut et du monde d'en bas. Il regardait, et il était étonné, effrayé, émerveillé. À son retour, les liens qui rattachaient ses corps éthérique et astral à son corps physique étaient de nature totalement différente : il connaissait la réalité. C'est pourquoi on pouvait dire qu'il était ressuscité. Et ce que le christianisme enseigne sur Jésus « mort, enseveli, descendu aux enfers et ressuscité le troisième jour » décrit une expérience analogue.

Même si Jésus est appelé « Christ », Jésus n'est pas le Christ. Le Christ est un esprit cosmique qui éclaire non seulement la terre, mais l'univers entier et toutes les entités qui le peuplent. Le Christ est le véritable soleil cosmique, c'est lui qui est l'esprit du soleil. Dans ce sens, on peut dire que le soleil physique que nous voyons représente pour nous une trace, un témoin grâce auquel nous pouvons trouver le Christ, le soleil cosmique.

Il ne suffit donc pas de s'en tenir à la « carcasse » physique du soleil, comme le font les astronomes. Il faut chercher l'esprit du soleil, comme l'a fait Jésus, et s'identifier à lui, c'est pourquoi il a pu dire : *« Je suis la lumière du monde. »* Lorsqu'il a prononcé ces paroles, Jésus s'identifiait au Christ.

Sans qu'il y ait à cela de raison particulière, il vous est parfois arrivé d'éprouver une joie soudaine, une sensation de légèreté, de dilatation. Vous ne le saviez peut-être pas, mais ce sont des entités lumineuses qui étaient venues vous visiter. Alors, maintenant que vous le savez, quand cela se reproduira, tâchez de les remercier, montrez-leur que vous appréciez ce qu'elles font pour vous. Si vous n'êtes pas reconnaissant, elles ne reviendront plus et vous aurez beau faire tous vos efforts pour retrouver ces états, vous n'y parviendrez pas, car ils ne dépendent pas de vous.

Vous possédez aussi des dons, des talents, des vertus : ce sont des amis du monde invisible qui se sont installés en vous pour travailler. Prenez-en conscience, sinon, le jour où vous commencez à être tellement fier de vos succès comme si c'était vous qui en aviez tout le mérite, d'une façon ou d'une autre ces amis s'éloignent et vous perdez ce talent ou cette vertu. Combien de gens ont perdu leurs talents à cause de leur orgueil ! Et d'autres, au contraire, grâce à leur humilité, ont attiré des qualités ou les ont amplifiées.

Que faisons-nous sur la terre ? Pour quelle raison y sommes-nous descendus ? Pour une raison de grande importance : nous sommes descendus pour étudier la matière et travailler avec les forces qui l'animent. Nous sommes des esprits à qui on a donné un corps afin d'agir dans la matière.

Certains pensent que le Seigneur a très mal fait les choses : puisque l'homme est un esprit, au lieu de s'incarner dans un corps qui le limite et l'emprisonne, il aurait été préférable pour lui de rester dans le monde de l'esprit, dans la lumière et la magnificence du Ciel. Eh bien, non, la grande sagesse du Seigneur en a décidé autrement et, contrairement aux apparences, notre descente dans la matière ne nous exile pas loin de Lui, car la matière appartient à l'essence même de Dieu, elle est une condensation de la force divine.

La chimie appelle sel le produit d'un acide et d'une base. L'acide est une substance active, dynamique, qui peut être assimilée au principe masculin ; et la base, une substance passive, réceptive, qui peut être assimilée au principe féminin. En présence d'un acide, la base réagit pour donner un sel. Le sel est donc l'enfant, le fruit du père acide et de la mère base.

Père, mère, enfant, voilà la première cellule familiale. Et sur ce modèle on peut former plusieurs familles : sagesse, amour, vérité ; intellect, cœur, volonté ; pensée, sentiment, action ; lumière, chaleur, mouvement ; acide, base, sel. En effet, la vérité est l'enfant de la sagesse et de l'amour ; la volonté celui de la lumière et de la chaleur ; le sel celui d'un acide et d'une base. Et on retrouve cette même famille dans l'alchimie avec le soufre, le mercure et le sel.

Quelqu'un dit : « Je suis malade, vous voyez bien, on ne peut pas dire le contraire. » Mais ce qu'il ne sait pas, c'est qu'en affirmant ainsi sa maladie, il la renforce. Alors que la maladie ne touche qu'une partie de son corps, il s'identifie à elle, dans sa tête il lui permet d'occuper la totalité du terrain. Alors, que faire ?... Même malade, même mourant, il doit dire : « Mon corps est malade, c'est vrai, mais moi, fils de Dieu, étincelle divine, je ne peux pas être malade. » Et cette conviction le place au-dessus de sa maladie : il ne s'identifie pas à son corps, mais à son esprit qui vit dans la lumière et dans l'éternité.

Quand on décide d'appliquer dans son existence cette loi de la supériorité de l'esprit, on produit d'abord des changements dans la région de la pensée. Ces changements influencent ensuite la région des sentiments, des sensations. Et enfin, ces changements se concrétisent dans le plan physique où les choses s'éclairent et s'organisent.

Si les humains acceptaient de développer davantage leurs possibilités intérieures, non seulement ils auraient moins besoin de piller les ressources de la planète, mais ils sentiraient que, contrairement aux richesses matérielles, leurs richesses intérieures, les richesses spirituelles, sont inépuisables, infinies.

Partout des voix s'élèvent pour se plaindre que les gens deviennent de plus en plus grossiers et matérialistes. Et ce qui est extraordinaire, c'est que même les matérialistes s'en plaignent ! Pourquoi ? Parce que c'est toujours les autres qui sont grossiers, égoïstes, cupides. Eh oui, c'est extraordinaire, combien de gens ne se rendent pas compte qu'ils sont habités par ces mêmes tendances matérialistes qu'ils soulignent chez les autres ! Et si ceux qui se disent spiritualistes s'analysaient un peu mieux, ils découvriraient que, eux aussi, attendent plus de satisfactions du monde extérieur que de leur monde intérieur.

Que ce soient les individus ou les pays, tous ceux qui ont réussi ou se sont enrichis aux dépens des autres n'en profitent pas réellement, et il arrive toujours le moment où, même dans le plan matériel, ce qu'ils ont pris, ils doivent le lâcher, morceau après morceau.

Un véritable spiritualiste, au contraire, s'efforce non seulement de ne jamais léser les autres en quoi que ce soit, mais il se demande toujours comment leur apporter quelque chose. Même quand il les salue, quand il les regarde, leur sourit, leur serre la main ou leur parle, il ne cesse de vouloir donner quelque chose de bon, de lumineux. Et en faisant cela, il s'épanouit, grandit, avance, s'élève de plus en plus, parce qu'il obéit à la loi de l'amour, et que la véritable loi de l'amour, c'est de donner. Mais en même temps qu'il donne, il reçoit, parce que la lumière du soleil comme une rivière limpide descend jusqu'à lui.

On peut comparer les humains à des arbres, avec des racines, un tronc, des branches, des feuilles, des fleurs et des fruits. Mais si tous possèdent des racines, un tronc et des branches, combien parmi eux sont visités par le printemps ? La plupart sont des arbres dépourvus de fruits, de fleurs et même parfois de feuilles, des arbres d'hiver, tristes, noirs et sans parure.

Chaque être humain pourtant possède la faculté de fleurir, mais il doit beaucoup travailler, posséder un grand savoir et sacrifier beaucoup de temps pour que ses fleurs puissent s'épanouir, exhaler leurs parfums et former des fruits. Et que sont ces fruits ? Les manifestations de nos différentes vertus.

Au malade qui le suppliait de le guérir, Jésus demandait : « As-tu la foi ? » Pourquoi cette question ? Parce qu'avoir la foi, c'est ouvrir une porte aux forces spirituelles. Ce que vous entreprenez grâce à vos seules capacités, par votre seule volonté, obéit à un mécanisme naturel et se trouve donc soumis à la loi des causes et des conséquences. Tandis qu'au moment où vous faites intervenir la foi, vous ouvrez une porte pour faire entrer les puissances célestes ; ces puissances célestes pénètrent en vous et elles réparent, purifient, guérissent, alors même, quelquefois, que vous ne le méritez pas tout à fait.

On peut donc dire que la foi force la grâce ; elle ouvre une porte par laquelle la grâce est obligée d'entrer. Mais à condition, bien sûr, que vous l'ayez préalablement invitée, comme le malade qui demandait à Jésus de le guérir. Par cette demande, il attirait l'attention de Jésus vers lui, et par sa foi, il permettait à la puissance de Jésus de se manifester en lui.

Savez-vous quelle est l'activité du Seigneur ? Il s'occupe seulement de visiter toutes les créatures pour leur donner sa vie, son amour. Oui, Il imprègne de son amour toute la création. Et vous, comme le Seigneur, pourquoi n'essaieriez-vous pas de tirer aussi quelque chose de bon de vous-même pour le donner à toutes les créatures du ciel et de la terre ?

Vous pouvez faire cet exercice : un membre de votre famille, un ami ressent, par exemple, un trouble au plexus solaire, ou un mal de tête… Avec beaucoup d'amour vous mettez votre main sur l'endroit douloureux : grâce à cet amour, toutes les particules qui s'agitaient en désordre dans toutes les directions commencent à s'harmoniser, à retrouver leur place. Si votre amour est très puissant, parce que vous avez appris à travailler sur vous-même, vous aurez des résultats ; sinon, bien sûr, il est même inutile d'essayer.

Au nom de la liberté, de leur liberté, combien de gens déclarent qu'ils n'acceptent aucune influence ! Mais ce dont ces ignorants ne se doutent pas, c'est que l'influence est une loi de la vie : tout ce qu'ils mangent, respirent, touchent, goûtent, écoutent, regardent, lisent, ne cesse de les influencer. Et souvent, s'ils peuvent se croire tellement libres, c'est tout simplement qu'ils ne savent pas sous quelles influences ils agissent.

C'est donc à leur insu que certains subissent quelques bonnes influences, et heureusement pour eux ! Car s'ils en étaient conscients, dans leur désir d'indépendance ridicule, ils auraient été capables de les rejeter.

Comment se fait-il que souhaitant la paix, la liberté et le bonheur pour eux-même et pour les autres, les humains passent le plus souvent à côté et en privent les autres aussi ? C'est parce qu'ils n'ont pas encore compris qu'ils ne trouveront ces biens précieux que le jour où ils décideront de donner la priorité à la vie spirituelle sur toutes les acquisitions matérielles, la réussite sociale, etc.

Beaucoup diront : « Mais si, nous avons compris que les possessions matérielles et la notoriété ne peuvent pas satisfaire nos aspirations profondes. » Alors pourquoi se conduisent-ils comme s'ils ne le savaient pas ? Continuellement, on les voit préoccupés de bien s'installer dans la matière. C'est pourquoi, même s'ils réussissent, non seulement eux-mêmes ne se sentiront jamais vraiment libres, heureux et dans la paix, mais ils ne cesseront de troubler l'existence des autres. Est-ce que, certains matins, en s'éveillant, ils ne peuvent pas décider que pour cette journée au moins ils essaieront de mettre à la première place les valeurs spirituelles ?

Qu'est-ce que l'être humain ? Une maison de plusieurs étages occupés par des locataires. Et souvent cette maison est en état de siège, car ce sont les locataires qui ont pris le pouvoir. Ils ont mis le maître de cette maison dans un cachot où ils lui donnent à peine un petit morceau de pain et un peu d'eau pour qu'il ne meure pas de faim. Le pauvre, s'il savait au moins comment communiquer avec les régions célestes pour envoyer là-haut quelques messages, on viendrait le libérer. Mais il s'est tellement assombri qu'il ne sait pas mettre en action les puissances de l'âme et de l'esprit.

Tout ce qui survient dans le monde comme révolutions, changements de régime, etc., n'est rien d'autre que la répétition de ce qui se passe dans l'être humain. Donc, si vous savez interpréter ces événements, vous arriverez à comprendre les événements qui peuvent se produire aussi en vous, car on retrouve absolument les mêmes lois.

Pourquoi prions-nous avant les repas ? Vous direz que c'est un acte de reconnaissance envers le Créateur à qui nous devons de pouvoir manger à notre faim. Oui, bien sûr. Mais cette habitude vient aussi de certaines connaissances que possèdent les Initiés sur la réalité du monde invisible. Ils savent qu'il existe dans le plan astral* d'innombrables créatures qui ont elles aussi faim et soif et qui essaient donc de se faufiler dans les humains pour se nourrir à travers eux.

La nutrition est une fonction qui reste encore chez l'homme très proche de l'instinct animal et, s'il n'est pas vigilant, il introduit en lui, en mangeant, des entités du monde astral qui sont en affinité avec ces tendances instinctives. En adressant une prière au Seigneur avant le repas, nous Lui demandons de venir manger avec nous, et une fois que c'est à Lui que nous avons ouvert la porte, elle est fermée à tous les indésirables du plan astral.

* Voir note et schéma, p. 372 et 373.

L'argent est une tentation dangereuse, et celui qui n'est pas conscient de ce danger laissera l'idée d'argent, le désir d'argent assombrir son ciel intérieur ; cela devient comme un écran qui empêche la lumière céleste de pénétrer en lui. Alors, mettez l'argent dans une poche, un tiroir, un coffre-fort, n'importe où, sauf dans votre tête ou dans votre cœur ; sinon il devient votre maître et vous son esclave. Si vous êtes son maître, il vous obéit et vous ferez beaucoup de bien. Mais si c'est lui le maître, il vous poussera à dominer les autres, les léser, les éliminer, et vous transgresserez beaucoup de lois.

Un véritable Maître est celui qui peut posséder tout l'or du monde sans jamais faire de mal : parce qu'il est maître et de lui-même et de l'or. Donc, celui qui veut progresser dans la voie de la spiritualité doit bien réfléchir aux rapports qu'il entretient avec l'argent. Sinon, inutile même de parler de spiritualité !

Exercez votre faculté d'observation. Quand vous sortez d'un lieu, vous devriez être capable de le décrire, non que ce lieu ait nécessairement un intérêt, mais parce qu'il est important de s'exercer à observer.

Combien de gens ne voient rien, ne remarquent rien ! Demandez à certains hommes quelle est la couleur des yeux de leur femme, ils ne le savent pas. Ils ont embrassé leur femme des milliers de fois, mais ils n'ont jamais remarqué la couleur de ses yeux ! Eh oui, il y a des énergumènes comme ça, des hommes, et des femmes aussi bien sûr. Ils passent à côté des choses et des gens, et ils ne les voient pas, ils les bousculent physiquement et psychiquement. Et quand ils doivent traverser une rue, est-ce qu'ils regardent ? Non, même pas, et ils traversent l'existence avec la même inattention. Rien n'est plus important que de savoir regarder. Que ce soit les personnes, les objets, une situation, apprendre à voir est un des secrets de la réussite.

Des animaux sauvages rôdent toujours plus ou moins près des habitations des hommes. Et, dans certaines régions du monde, on doit surveiller les enfants, le bétail, la volaille, ou prendre des mesures de protection, afin que des fauves ne viennent pas les dévorer. De la même façon, si vous n'êtes pas vigilant, si vous ne savez pas mettre des protections autour de vous, vos enfants, vos animaux domestiques, symboliquement parlant, seront dévorés par les fauves.

Qui sont ces enfants, ces animaux domestiques ? Vos bonnes pensées, vos bons sentiments, vos bons élans, tout ce qui est synonyme de richesses spirituelles. Si vous tenez vraiment à elles, vous devez les protéger, sinon elles seront saccagées par les entités ténébreuses du monde astral. Vous vous demandez parfois pourquoi vous vous sentez soudain appauvri, dépouillé… C'est clair : vous n'avez pas été vigilant, vous vous êtes endormi et les fauves sont venus faire des ravages…

Ne croyez pas que le bonheur viendra nécessairement sous la forme où vous l'attendez. Tellement de possibilités se présentent à vous ! Mais vous ne les voyez pas et vous ne voulez pas les voir. Vous vous accrochez à l'idée que vous vous faites, vous, du bonheur. Vous espérez que telle porte va s'ouvrir, mais voilà qu'elle reste fermée. Pourquoi alors vous lamenter devant cette porte ? Pensez qu'il peut y en avoir d'autres, à côté, qui s'ouvriront.

Vous attendez de bonnes choses de quelqu'un, et non seulement il ne vous les donne pas, mais il se montre très désagréable. Eh bien, au lieu de ruminer cette déception, regardez un peu mieux autour de vous : il y a d'autres personnes qui sont certainement prêtes à vous aider. Si vous restez uniquement occupé à envoyer de mauvaises pensées à ceux qui vous ont chagriné ou déçu, vous ne verrez pas tous ces autres amis qui viennent à vous. C'est dans ce sens aussi que les épreuves sont utiles : elles vous obligent à faire ou à découvrir ce que vous ne feriez pas et ne découvririez pas sans elles.

À tout instant vous pouvez être gagné par le découragement. Alors, immédiatement dites-vous : « Ça ne durera pas. » Réfugiez-vous quelque part en vous-même, comme si vous hiberniez, et restez là jusqu'à ce que vous retrouviez le souffle de la vie. Le découragement, c'est comme l'hiver. Mais après l'hiver revient le printemps. Suivant les années, il vient plus ou moins tôt : quelquefois il vient très tard, mais il finit toujours par arriver. C'est pourquoi il ne faut jamais complètement perdre espoir. À un moment ou à un autre, l'élan, l'énergie reviendront. Combien ont lâché prise quelques instants à peine avant que les forces du printemps ressurgissent en eux ! Et c'est dommage… Ils allaient être enfin sauvés, mais ils n'ont rien pressenti du renouveau, et ils se sont laissés couler.

Donc, quels que soient vos tourments, ne laissez jamais s'assombrir complètement votre ciel intérieur. Dites-vous : « Peut-être que tout n'est pas encore perdu, attendons quelque temps. » Et, peu à peu, l'obscurité va se dissiper et le froid vous quittera.

La formule chimique de l'eau (H_2O) est intéressante à étudier du point de vue symbolique. L'oxygène (O) représente le principe masculin, l'hydrogène (H_2) le principe féminin, et l'eau est leur enfant. En nous, l'oxygène est l'intellect, et l'hydrogène le cœur. L'intellect, le principe masculin, est une chose ; le cœur, le principe féminin, en est une autre ; ils peuvent vivre côte à côte sans être liés, mais s'ils ne sont pas liés, ils ne peuvent pas donner l'eau, la vie. Or, c'est cette séparation du cœur et de l'intellect qu'on voit partout : dans le couple où mari et femme s'affrontent, dans la société où les gens de l'intellect luttent contre les gens du cœur, mais surtout dans l'être humain lui-même dont les pensées vont dans un sens et les sentiments dans un autre.

Comment faire pour lier le cœur et l'intellect ? Il faut introduire le feu, comme l'étincelle qui unit l'oxygène et l'hydrogène, mais le feu véritable, le feu de l'esprit. Lorsque ce feu les unira, le cœur et l'intellect mettront au monde des enfants, c'est-à-dire des actes remplis de sagesse et de bonté.

Lorsque vous vous sentez incertain, désorienté, perdu, pensez à vous concentrer sur l'image du sommet, ce point culminant d'où vous pouvez voir la vérité sur les êtres et sur les choses. Bien sûr, la distance qui vous sépare de lui est immense, infranchissable même, et seul peut parvenir jusqu'au sommet celui qui vit véritablement une vie pure et sainte.

Mais par la pensée, chacun peut chercher à atteindre le sommet, car déjà la pensée est comme une corde que vous lancez jusqu'à ce point, en haut, que vous voulez toucher ; et une fois la corde accrochée, vous grimpez. C'est ce que font les alpinistes : ils lancent une corde et ils grimpent. Eh oui, vous voyez, il faut apprendre à découvrir ces correspondances entre le monde physique et le monde spirituel.

Nous recevons la lumière, la chaleur et la vie du soleil. Et que ce soit dans le plan physique ou dans le plan psychique, nous rejetons ensuite des déchets que le soleil transforme, purifie pour nous les renvoyer sous forme d'énergies et de particules nouvelles. Cette circulation incessante entre la terre et le soleil existe aussi, sous une autre forme, entre les hommes ordinaires et les Initiés. Dans le plan psychique les Initiés recueillent les matières brutes produites par les humains, les transmuent et les leur renvoient sous forme de trésors spirituels.

Prenez cette idée au sérieux en sachant que si vous voulez véritablement évoluer, vous devez éviter de vous plaindre des faiblesses que vous observez chez les autres, mais vous efforcer de les transformer en vous pour les leur renvoyer sous forme de lumière. En agissant ainsi vous travaillez pour le Royaume de Dieu, et un jour les Initiés vous accepteront parmi eux. Ils vous diront : « Venez avec nous, nous avons besoin de collaborateurs, et vous êtes préparés pour nous aider. »

Vous plantez des rosiers, vous offrez des roses, vous recevez des roses… Mais savez-vous qu'une rose, ou même seulement un de ses pétales est un moyen de rejoindre le monde de Vénus qui, dans l'Arbre séphirotique*, appartient à la séphira *Netsah* ? Chaque pétale de rose est imprégné de la quintessence de Vénus, et à travers lui vous pouvez entrer en communication avec tout un monde de lumière et de beauté. En le regardant, en l'aimant, vous lui communiquez votre magnétisme, et lui-même vous communique aussi quelque chose en retour : il vous lie avec les habitants de Vénus qui sont plus évolués que ceux de la terre.

Si vous avez besoin d'amour, de tendresse, de couleurs, de parfum, vous pouvez les attirer grâce à un seul pétale. Ce pétale de rose n'est pas Vénus et vous ne devez pas vous arrêter à lui ; considérez qu'il vous met en relation avec des existences supérieures, et c'est elles qui vous donneront tout à travers lui.

* Voir tableau et note, p. 374-376.

Imaginez quelqu'un qui, ne connaissant absolument rien de l'anatomie, n'aurait aucune idée de la façon dont un corps humain est construit. Il se demanderait : « Mais enfin, comment tout cela peut-il tenir ensemble pour faire une créature qui marche, qui respire, qui mange, qui exprime des pensées, des sentiments ? » Il faudrait lui montrer que, sous cette peau qu'il voit, il y a une chair, des organes, des muscles, des vaisseaux sanguins, des nerfs, etc., qu'il ne voit pas, et enfin un squelette qui soutient l'ensemble.

Eh bien, à une échelle gigantesque, il en est de même pour l'univers. L'univers est un corps, le corps de Dieu, et notre corps physique est à son image. Alors, de la même façon que notre corps possède un squelette, sans lequel il se disloquerait, l'univers lui aussi est soutenu par une charpente qui tient tout en équilibre, depuis les galaxies jusqu'aux plus infimes particules de matière qui constituent les atomes. C'est grâce à cette charpente que la vie est possible.

Par son Moi supérieur tout être humain est une divinité, et il vit dans une région très élevée où il n'y a ni maladie, ni souffrance, ni limitation, ni obscurité. Mais cette vie qu'il vit en haut dans la plénitude, il ne peut pas encore la sentir ni la manifester, parce que la nature inférieure en lui ne le permet pas. Elle est obtuse, bornée, mal adaptée, mal réglée, exactement comme un poste de radio qui n'arrive pas à capter certaines fréquences.

Les ondes que l'Intelligence cosmique propage dans les régions sublimes sont si rapides, si courtes, et la matière dont nous sommes formés est si épaisse et si opaque qu'elle ne parvient pas à vibrer en accord avec les messages divins : ils glissent, ils passent sans laisser de trace. Tant que nous n'aurons pas fait un travail sur nous-même pour affiner notre matière psychique, nous n'aurons aucune idée de ce que nous sommes en haut.

Chaque événement étant la conséquence d'un événement antérieur, il est impossible d'interpréter correctement le présent si on ne jette pas un regard sur le passé. Mais ce présent, qui est la conséquence du passé, il faut savoir qu'il est possible de travailler sur lui pour que l'avenir soit meilleur, plus beau, plus lumineux. Donc, pour bien comprendre le présent d'un homme, non seulement il faut le considérer comme la conséquence d'un passé lointain, mais aussi comme le point de départ pour une nouvelle existence.

Celui qui étudie une vie humaine sans tenir compte du fait qu'elle est reliée à des vies passées et à des vies futures ne peut pas en avoir une appréciation exacte. Devant certaines existences on ne peut s'empêcher de penser : « Quel gâchis ! », et c'est encore plus désespérant si on ne sait pas que cette existence n'est qu'un maillon d'une longue chaîne et que les maillons suivants peuvent être améliorés.

L'enfant qui vient au monde sort du ventre de sa mère la tête la première. Pourquoi ?... Et vous avez vu un homme plonger : il saute dans l'eau – qui est un élément plus dense que l'air – la tête en bas ; quand il veut ressortir à l'air libre, au contraire, il remonte la tête en haut... L'enfant arrive en ce monde la tête en bas par analogie avec la descente de l'esprit, qui vient d'en haut, parce qu'il plonge dans les régions plus denses de la matière. La position de l'enfant est donc symbolique : elle indique que l'esprit s'engouffre dans la matière.

Quand l'homme meurt, au contraire, il sort d'une région très dense pour pénétrer dans une région plus subtile, comme le plongeur qui sort de l'eau pour venir respirer à l'air libre. La naissance est donc une forme de mort, la naissance d'un enfant, c'est une mort dans les régions subtiles. Tandis que la mort d'un homme sur la terre, c'est sa naissance en haut.

6 Mai

C'est à Sèvres, au Bureau des Poids et Mesures, que sont conservés depuis des années les étalons qui servent de références pour le monde entier. Personne n'a le droit de décider comme il lui plaît du kilogramme ou du mètre et il faut donc régler tous les instruments de poids et de mesures sur des étalons bien précis. Et pour les appareils, les machines ou les véhicules utilisés dans la vie quotidienne, il faut aussi faire des vérifications de temps en temps, et même, pour certains, tous les jours.

Comme ce Bureau des Poids et Mesures, il existe un centre cosmique auprès duquel nous devons prendre nos critères. Il est dit dans les Livres sacrés que Dieu a créé l'univers d'après le poids, la mesure et le nombre ; toute la création est sortie de cette Maison divine des Poids et Mesures. C'est donc vers elle que nous devons nous élever pour y faire réviser nos appareils intérieurs : l'intellect, le cœur et la volonté. Chaque jour, et pas seulement une fois, mais trois fois, cinq fois, dix fois, il est indispensable que nous réglions ces appareils sur l'étalon divin.

Les astrologues prétendent qu'il existe des planètes plutôt bénéfiques et d'autres planètes plutôt maléfiques... Mais alors on peut se demander pourquoi une même planète qui agit défavorablement sur certains agit favorablement sur d'autres. C'est simple : celui qui ne reçoit que ses mauvaises influences ne s'est pas préparé à capter les bonnes. En réalité, aucune planète n'est réellement maléfique : même si certaines ont un caractère plus sévère ou plus violent, comme Saturne, Uranus ou Pluton, leur action sur l'être humain dépend de son aura.

Car une des fonctions de l'aura est d'assurer les échanges entre les astres du firmament et les astres qui sont en nous. Si dans notre aura se trouvent des éléments qui ne permettent pas aux influences bénéfiques d'une planète de pénétrer en nous, les courants qu'elle envoie s'altèrent, se brisent et produisent des effets nocifs. Tandis que si notre aura est pure, puissante, toutes les influences, même mauvaises, deviennent bonnes pour nous.

8 Mai

Combien de circonstances dans la vie ne peuvent que nous chagriner ! La seule chose qu'il ne faut pas faire à ce moment-là, c'est d'aller se plaindre. Celui qui se plaint se ferme intérieurement les portes pour toute amélioration de son état. On vous a vexé, on a été injuste avec vous : vous vous sentez déçu, triste, blessé, c'est normal. Mais si vous allez raconter tout cela à droite et à gauche en vous lamentant, vous ne faites qu'aggraver votre blessure.

Alors, que faire ? Laissez un peu cette histoire de côté et quand vous rencontrez vos voisins, vos amis, au lieu de leur étaler combien on a été cruel envers vous, oubliez ça un moment. Eux aussi ont certainement des raisons de souffrir : demandez-vous comment vous pouvez les aider et les encourager, eux. Les bonnes paroles que vous prononcez ainsi pour les autres vous feront du bien à vous, c'est avec elles que vous pourrez panser vos blessures.

Chaque jour nous mangeons. Mais ne soyez pas choqués si je vous dis que nous sommes aussi mangés. Oui, nous servons aussi de nourriture à d'autres entités : les Anges. Ils prennent nos bonnes pensées, nos bons sentiments, tout ce qui en nous est inspiré par la sagesse et l'amour.

Les Anges nous considèrent comme des plantes qui produisent des fleurs et des fruits. Quand ils viennent les cueillir, ils ne cassent pas nos branches, au contraire, ils nous arrosent, nous soignent, afin que nous donnions des fruits encore plus succulents. Mais il existe aussi des « anges » d'une autre espèce, les entités ténébreuses, les démons. Eux aussi doivent se nourrir, et ils vont se régaler chez les humains dont les mauvais desseins, les mauvais sentiments sont pour eux des mets succulents : ils leur prennent alors toutes leurs énergies et les laissent épuisés. Si rien n'est plus souhaitable que de servir de nourriture aux Anges de la lumière, rien n'est pire que d'être dévoré par les esprits ténébreux.

Les hommes et les femmes ne cesseront jamais de s'attirer et de s'aimer, mais ils ne cesseront pas non plus d'être déçus et de souffrir, tant qu'ils n'auront pas appris comment se regarder et ce qu'ils doivent chercher les uns chez les autres.

La Science initiatique nous apprend à découvrir dans chaque être le principe qui l'anime. Ainsi, dans la femme qu'il aime, l'homme doit chercher à découvrir le Principe féminin éternel, la Mère divine. Et comme la Mère divine est tellement riche de couleurs, de parfums, de formes, de mouvements, dans son cœur et dans son âme il n'épuisera jamais ces richesses. Et inversement, la femme aussi doit apprendre à voir dans l'homme qu'elle aime le Principe masculin éternel, le Père céleste ; ainsi elle communiera avec sa sagesse, sa puissance, sa grandeur. Donc, si vous voulez conserver votre amour, ne vous arrêtez pas à la femme ou à l'homme que vous aimez, au-delà de cet être cherchez toujours le divin.

Nous ne sommes jamais seul ni abandonné, nous recevons sans cesse des messages du monde invisible. Ces messages sont comme des empreintes qui s'inscrivent dans l'âme du monde et ils peuvent nous être transmis par des animaux, particulièrement les oiseaux, ou même par les humains. Pour les animaux cela se fait évidemment à leur insu ; et pour les humains la plupart du temps aussi : en général ils ne sont pas conscients de nous apporter des messages, et il y a tout un apprentissage à faire pour parvenir à les déchiffrer.

Au lieu d'aller interroger les cartes, les boules de cristal, etc., il faut être vigilant, attentif, étudier, en cherchant la confirmation de ces messages ou leur démenti partout dans la nature, et surtout en nous-même. Ainsi, peu à peu, nous arriverons à y voir clair. Mais pour avoir un jour cette clarté, nous devons faire tout un travail intérieur de purification.

Devenir vivant, c'est s'éveiller aux manifestations infinies de la vie autour de nous, saluer les personnes que nous rencontrons, voir en elles l'étincelle de vie divine, les remercier pour tout ce qu'elles nous donnent ou font pour nous, et quelquefois sans même que nous le sachions.

Devenir vivant, c'est toujours s'émerveiller, c'est toujours voir les êtres et les choses comme si c'était pour la première fois. Oui, c'est cela devenir vivant de la vie de Dieu Lui-même. Il est possible de trouver la vraie religion dans les églises, mais elle est d'abord dans la vie, et c'est à nous d'entretenir une relation consciente avec toutes les meilleures manifestations de la vie.

Il ne faut pas se le cacher, la vie spirituelle est une entreprise difficile. C'est pourquoi le disciple qui se rend compte qu'il n'arrive pas à manifester les qualités qu'il s'efforce depuis longtemps d'acquérir, ne doit pas se décourager ni se révolter. S'il se décourage ou manifeste de l'irritation contre lui-même, contre les autres ou contre le Seigneur qui ne l'exauce pas, c'est très mauvais signe : cela prouve que son raisonnement n'est pas au point, et alors même qu'il veut que se manifeste sa nature supérieure, c'est en réalité sa nature inférieure qui s'exprime.

Celui qui veut progresser dans la voie de la spiritualité doit être humble, très humble, c'est-à-dire savoir qu'il va être continuellement mis à l'épreuve et que quelquefois il ne remportera pas la victoire. Mais ça ne fait rien, il doit reprendre la route patiemment, courageusement, en sachant qu'un jour enfin il arrivera au but.

Même s'il sait que ses disciples ne pourront pas encore le mettre en pratique, le rôle d'un Maître spirituel est de leur donner le vrai savoir. Il doit leur dire qu'il existe toujours une meilleure compréhension des choses, mais en même temps être patient, indulgent, accepter leurs insuffisances.

Vous connaissez dans les Évangiles la parabole du festin. Un roi décide de donner un grand repas. Le moment venu, il envoie ses serviteurs chercher les invités, mais tous trouvent des excuses pour ne pas s'y rendre : l'un vient d'acheter un champ, l'autre a acheté des bœufs et veut les essayer, un troisième vient de se marier. Et d'après eux, tout cela est plus important que de répondre à l'invitation du roi ! Eh bien, les excuses que fournissent ces invités sont à l'image des prétextes que trouvent la majorité des disciples pour s'occuper de leurs intérêts matériels et de leurs plaisirs, au lieu de se rendre au festin donné par le Seigneur.

En s'évaporant dans l'atmosphère l'eau se purifie, car les différentes couches qu'elle traverse sont autant de tamis. Et il est dit dans les traités d'alchimie que lorsqu'elle est enfin prête, une nuit, l'esprit universel la fertilise en l'imprégnant de ses quintessences. C'est pourquoi les effets de la rosée sont plus puissants que ceux de l'eau ordinaire. C'est elle qui nourrit et abreuve les plantes dans les régions désertiques où, pendant des mois, il ne tombe pas une goutte de pluie.

Quand nous pensons à la rosée, nous avons l'habitude de nous arrêter sur la fin de son parcours : le moment où elle descend pour se déposer sur la terre. Mais il ne faut pas oublier que pour devenir rosée, l'eau doit d'abord s'élever sous forme de vapeur dans l'atmosphère où l'esprit universel, en passant, la fertilise. C'est parce qu'elle est d'abord montée que, lorsqu'elle se condense à nouveau pour retomber sur la terre, elle est porteuse de tous les éléments vivifiants.

Comme le soleil qui répand sa lumière et sa chaleur dans l'univers, vous pouvez par vos pensées et vos sentiments toucher toutes les régions de l'espace. En chemin vous rencontrerez une multitude de créatures que vous saluerez et qui vous salueront en retour. Et c'est cela la vraie vie : une communication ininterrompue avec des millions de créatures.

Devenir comme le soleil… Nourrissez cet idéal afin qu'il prenne en vous une telle place que tout votre être en soit embrasé, illuminé. C'est ce haut idéal qui fera croître en vous tous les germes de la vie divine. Sans même que vous insistiez, sans même que vous y pensiez, vous manifesterez ce que vous avez de meilleur. La seule vérité qui vaut la peine d'être cherchée, c'est le soleil spirituel. Dès qu'il brille en vous, vous devenez comme la terre au printemps quand toute la nature ressuscite.

Jésus a dit à ses disciples : *« Et je suis avec vous jusqu'à la fin du monde ».* C'est donc qu'il n'a pas quitté la terre. Le Christ comme principe cosmique incarné en Jésus, n'a pas quitté la terre, il est là, il travaille. Il a quitté la terre physique, mais il demeure toujours sur la terre spirituelle, *« la terre des vivants »* mentionnée dans les *Psaumes,* et de là il protège, éclaire et guide tous ceux qui veulent marcher dans la lumière.

Il est dit qu'après sa mort Jésus est monté au Ciel ; et c'est vrai, il est dans le Ciel, tout son être est dans le Ciel, mais il travaille sur la terre. Il faut bien comprendre cela. Nous, nous sommes sur la terre et nos antennes sont dans le Ciel. Tandis que Jésus, tout son être est dans le Ciel, mais son activité, son « quartier général », si l'on peut dire, se trouve sur la terre. C'est là qu'il est installé avec tous ses serviteurs autour de lui, et c'est là que nous devons le chercher par la pensée pour participer à son travail.

La personne en bonne santé à qui vous demandez : « Comment allez-vous ? » se contente de répondre : « Bien », et en effet il n'y a rien d'autre à ajouter. Mais posez la même question à une personne dont la santé est chancelante… Oh là là ! ce sont des histoires sans fin ! De la tête aux pieds, il y a tellement de points dans le corps qui peuvent être défectueux ! Alors, quelles complications pour manger, boire, dormir, respirer, marcher, etc. On peut donc dire que la santé est une. En revanche, les maladies sont en nombre infini et il en apparaît toujours de nouvelles, créées par les façons de vivre déraisonnables des humains.

La fonction des organes est de travailler ensemble pour maintenir cette unité qu'est la santé, la vie. Alors, vous voyez, la santé c'est l'unité, la vie c'est l'unité. Et la maladie, la mort, au contraire c'est la division, la dispersion, la dislocation. Tous nos efforts doivent donc nous conduire vers cette unité, car c'est dans cette unité que nous trouverons le salut.

Un minimum de commodités matérielles est évidemment indispensable. Mais si vous voulez préserver en vous la vraie vie, ne donnez pas tellement d'importance au confort, car c'est alors la paresse qui vous guette, et la paresse vous lie à des courants qui vous engourdissent et entravent votre évolution. Tâchez de déposer tous vos bagages encombrants, tous ces soucis pour des choses matérielles qui ne sont pas absolument nécessaires, afin de pouvoir aller toujours plus loin, toujours plus haut.

Je ne suis pas contre le progrès matériel qui rend la vie plus facile, plus confortable ; mais tel qu'il est vécu par la plupart des gens, le confort est dangereux, car il s'oppose à l'activité de l'esprit. Toute activité physique a des relations avec l'esprit, et donc cette forme de passivité, de paresse même, favorisée par le progrès technique, entrave les facultés de l'esprit.

Tous nos organes avec les cellules qui les composent forment un orchestre, et ils chantent et jouent les partitions que l'Intelligence cosmique leur a confiées. Chaque partie du corps a son activité grâce à laquelle nous sommes en bonne santé. Oui, mais la bonne santé physique ne suffit pas. C'est pourquoi nous devons interroger chaque jour nos organes, et demander à nos jambes : « Où m'amenez-vous ? »... à nos bras : « Quels actes préparez-vous ? »... à notre bouche : « Quelles paroles prononces-tu ? »... à nos yeux : « Où regardez-vous ? »... à notre cerveau : « Quelles sont tes pensées ? »... etc.

Le disciple intelligent, conscient, sait qu'il doit devenir un bon chef d'orchestre. Chaque jour, il veille non seulement à ce que les organes de son corps physique travaillent harmonieusement pour se maintenir en santé, mais il pense aussi à orienter son activité vers un but supérieur afin de ne pas produire de dissonances dans l'organisme cosmique.

Avec ses racines, son tronc et ses branches qui portent des feuilles, des fleurs et des fruits… l'arbre nous enseigne les relations entre le haut et le bas. Les racines sont enfouies dans le sol, où elles absorbent les éléments contenus dans la terre pour fabriquer la sève brute ; et la sève brute s'élève dans le tronc de l'arbre pour être transformée en sève élaborée. Loin de l'air et de la lumière, elles accomplissent un travail ingrat, ne connaissant qu'obstacles et limitations.

Le tronc, lui, s'élance vers le ciel, et il est le lien d'une vie intense : au centre les canaux ascendants de la sève brute, à la périphérie les canaux descendants de la sève élaborée. Au fur et à mesure que le tronc s'élève et se renforce, il s'enrichit de nouvelles branches qui sont heureuses de se balancer dans la lumière et d'offrir à tous la vie et la beauté de leurs feuilles, de leurs fleurs et de leurs fruits. Mais ces feuilles, ces fleurs, ces fruits sont le produit du travail des racines. Et il en est de même pour nous.

Lorsqu'on envoie une onde lumineuse dans l'espace, une deuxième naît symétriquement. C'est-à-dire que là où, pour la première, la courbe est convexe, pour l'autre elle est concave. Cela révèle que la plénitude et le vide n'existent pas en soi, mais qu'ils sont liés et complémentaires.

La plénitude et le vide, ce sont les deux principes masculin et féminin qui travaillent toujours ensemble dans l'univers. En l'homme ces deux principes sont représentés par l'esprit et l'âme, l'intellect et le cœur. Dans la Science initiatique ce phénomène est symbolisé par le serpent, dont le mouvement est celui d'une sinusoïde. On peut aussi remarquer que la colonne vertébrale, qui soutient tout notre squelette, est également construite d'après le mouvement sinusoïdal du serpent, c'est-à-dire le mouvement de la lumière.

Jésus est venu enseigner qu'aucun être humain ne doit être opprimé au nom de lois fabriquées par une poignée de gens qui, invoquant une prétendue supériorité, se donnent le droit de régenter l'existence des autres. Pour lui, seule était valable la loi d'amour ; c'est pourquoi il lui est même arrivé de se dresser contre le sabbat, cette prescription qui interdisait toute forme de travail le septième jour de la semaine.

Cette loi, qui était extrêmement rigoureuse, allait jusqu'à interdire à celui qui a faim de ramasser de la nourriture. Jésus non seulement scandalise les pharisiens quand, un jour de sabbat, il laisse ses disciples qui ont faim cueillir quelques épis de blé, mais il leur fait encore ce reproche : *« Si vous saviez ce que signifie : Je prends plaisir à la miséricorde, vous n'auriez pas condamné des innocents ».* Ce même jour, il guérit dans la synagogue un homme qui avait la main sèche, et il explique son geste en disant : *« Le sabbat est fait pour l'homme et non l'homme pour le sabbat ».*

Combien d'artistes ont fini leur vie découragés, brisés, parce que le public ne les avait ni acceptés, ni reconnus ! Les artistes n'ont pas en général une grande résistance psychique : rares sont ceux qui, au milieu des épreuves, ont su se manifester avec ce courage qui est la marque des plus grands esprits.

On se pose parfois la question : « Mais pourquoi les Seigneurs des destinées laissent-ils traiter avec autant de rigueur les êtres les plus remarquables, les plus nobles ? Pourquoi ?... » Eh bien, c'est pour que ces êtres puissent se surpasser et donner le meilleur d'eux-mêmes. S'ils étaient entourés de gens qui les applaudissent, les adulent, leur apportent toutes les facilités, ils s'endormiraient, s'affaibliraient, s'assombriraient ; ils seraient incapables de donner des œuvres aussi profondes, aussi grandioses. Le destin est un pédagogue terrible, mais il faut comprendre et accepter, il agit ainsi pour que les êtres arrivent à devenir de véritables créateurs.

Parce qu'ils ne sont pas obligés de servir un tyran, parce qu'ils ne sont pas emprisonnés ou esclaves, les gens se croient libres. Oui, mais intérieurement, qu'en est-il exactement ? Ils sont souvent comme ces animaux retenus à un pieu par une corde de quelques mètres : ils s'imaginent être libres parce que la corde qui les attache les laisse se mouvoir un peu ; mais s'ils veulent aller plus loin, ils découvrent que c'est impossible.

Bien sûr, celui qui n'a pas d'autre ambition que de satisfaire ses appétits matériels ou ses désirs grossiers, ne se sent pas limité, mais le jour où il voudra atteindre des régions plus subtiles, plus spirituelles, il ne le pourra pas, et c'est là qu'il sera obligé de constater combien il est esclave, impuissant. La véritable liberté, c'est de n'être retenu par aucune attache, qu'elle soit physique ou, surtout, psychique.

L'être humain ne peut s'épanouir qu'en participant fraternellement à la vie d'une collectivité. Certains prétendront qu'ils ont tout juste assez de temps pour s'occuper de leurs propres affaires… Et que sont ces affaires ? Leurs intérêts, leurs passions égoïstes qui les maintiennent dans les régions obscures du subconscient.

Tandis qu'ils croient être libres et travailler pour eux-mêmes, combien en réalité travaillent pour leurs pires ennemis, des ennemis intérieurs qu'ils ne connaissent pas et qui leur dictent des ordres : « Je veux manger ceci… Non, je ne veux pas ça… Va me chercher ça, là-bas ! » Et ils courent, ils galopent pour satisfaire ce qu'ils s'imaginent être eux-mêmes. Il est temps qu'ils comprennent qu'ils ont nourri ainsi les adversaires les plus acharnés de leur bonheur, et que s'ils veulent vraiment travailler pour eux-mêmes, ils doivent participer à la vie fraternelle faite de générosité, d'amour, de lumière.

Recevoir le Saint-Esprit est comme un coup de foudre céleste, et il n'existe pas d'expérience plus sublime et plus remplie de sens. Mais ce n'est pas parce qu'un être humain a reçu ce coup de foudre qu'il devient immédiatement omniscient, tout-puissant et parfait, non, seules lui sont données les possibilités de le devenir, et c'est à lui de travailler avec ce feu. Malheureusement, il peut arriver aussi qu'il perde cette grâce, et c'est là la perte la plus terrible.

Beaucoup de spiritualistes, de mystiques, d'Initiés qui possédaient ce feu l'ont perdu d'une façon ou d'une autre. Certains sont arrivés à le reconquérir, mais au prix de combien de souffrances, de repentir, de travail ! Il a fallu qu'ils s'humilient et supplient longtemps pour que le feu accepte de revenir. Mais à partir du moment où il a accepté, il s'accroche si fort, il pousse et enfonce ses racines si loin à l'intérieur de l'être, qu'il ne le quitte plus : il dirige, ordonne et oriente sa vie.

Vous assistez au lever du soleil... Si vous laissez votre pensée vagabonder, vous retirerez toujours quelques bienfaits physiques de sa chaleur et de sa lumière, ainsi que de la pureté et de la fraîcheur de l'air matinal ; mais pas plus : vous ne recevrez rien des éléments subtils qui peuvent vous aider dans votre évolution spirituelle. Si au contraire vous êtes conscient qu'à travers ses rayons le soleil vous transmet sa vie, son amour, sa sagesse, sa beauté, vous vous préparez à les recevoir ; vous ouvrez en vous-même des milliers de portes par lesquelles ces rayons peuvent entrer déposer leurs trésors. C'est ainsi que le soleil remplit tout votre être de ses bienfaits.

Voilà pourquoi il est tellement important d'être conscient de ce que représente le soleil : grâce à cette conscience, vous pourrez recevoir des éléments qui vous aideront à approfondir les lois et les mystères de la nature, à goûter la paix et la joie.

À n'importe quel moment de la journée, il se peut que vous soyez assailli par des pensées et des sentiments négatifs. Ne supportez pas cela passivement : tout de suite arrêtez-vous, concentrez-vous un moment en essayant d'introduire en vous la paix et la lumière. Et si vous êtes dans la rue, vous pouvez aussi faire cet exercice en vous arrêtant devant la vitrine d'un magasin comme si vous la regardiez.

Voilà des méthodes que la plupart des gens ne connaissent pas ; ils sont embêtés à mourir, mais ils continuent à traîner toute la journée leurs états négatifs. Ils traverseront un parc sans chercher à changer le cours de leurs pensées au contact des arbres, des fleurs, de l'eau… Ils vont plutôt dans un bistrot boire quelque chose en regardant les passants, puis ils repartent avec leurs embêtements. Et quand ils rentrent chez eux, le soir, ils apportent leur tristesse ou leur mauvaise humeur à leur famille… Est-ce qu'il n'est pas temps que l'on cesse de vivre ainsi dans l'inconscience et l'irresponsabilité ?

De l'argent, des maisons, des protections, un riche mariage, voilà ce que beaucoup de gens demandent dans leurs prières. Mais le rôle de la prière n'est pas d'obtenir des avantages matériels : ses bienfaits sont d'une autre nature.

Lorsque par votre cœur, votre pensée, vous entrez en communication avec le Seigneur, ce que vous recevez, ce sont des cadeaux de nature subtile : des énergies, la lumière, l'inspiration… Et comme ce monde subtil est un monde réel, il agit sur les personnes qui entrent en contact avec vous. Auprès de vous elles se sentent vivifiées, réconfortées, consolées, elles vous donnent leur confiance, leur amitié ; et il se peut qu'un jour cette amitié prenne la forme d'une aide matérielle. Mais vous devez commencer par n'attendre de la prière que des bénéfices spirituels.

Vous avez compris la valeur, la grandeur, la beauté d'un enseignement initiatique et vous avez décidé de le suivre… Alors, ne revenez pas en arrière sous prétexte que tel ou tel aspect vous échappe ou vous paraît trop difficile à appliquer. Du jour où vous avez compris que cet enseignement vous donnera des méthodes pour vous perfectionner, vous épanouir et vivre la vie nouvelle, ne l'abandonnez sous aucun prétexte.

Évidemment, si vous avez d'autres ambitions, d'autres buts, vous êtes libre. Il existe d'autres chemins, il y en a des centaines, mais ils mènent ailleurs, ils apportent d'autres choses, et chacun peut choisir. Mais si vous voulez la fraternité universelle, le Royaume de Dieu, vous devez tout faire converger vers ce but qui est la lumière, la joie, l'amour, car les méthodes de la Science initiatique correspondent idéalement à ce but.

Prendre et donner. Ces deux mots résument deux conceptions de la vie. Et on peut dire que matériellement, affectivement, mentalement, la majorité des humains pensent surtout à prendre : les situations, les événements, les êtres ne les intéressent vraiment que dans la mesure où ils auront là quelque chose à prendre. Et c'est pourquoi rien ne peut vraiment s'améliorer dans le monde.

Si vous voulez vraiment qu'il reste quelque chose de bon de votre passage sur la terre, habituez-vous à donner. Regardez une source : les animaux viennent s'y désaltérer, auprès d'elle les plantes et les arbres poussent et les hommes construisent leurs demeures. Pourquoi ? Parce qu'elle ne cesse de donner à tous son eau pure. La source nous apprend qu'il existe une seule véritable méthode pour créer et entretenir la vie, c'est de donner, donner ce que nous avons de meilleur dans notre cœur et dans notre âme. Et ne craignez pas l'ingratitude des gens. Tant pis pour eux s'ils sont ingrats : ils resteront pauvres ; et tant mieux pour vous si vous êtes une source : vous deviendrez riche !

Dans le soleil qui se lève, nous pouvons voir un symbole des manifestations positives, constructives de la vie. Tout ce qui progresse, qui s'élève, qui jaillit, qui s'épanouit, est lié au lever du soleil. Peu à peu vous le sentirez, mais tout dépend de votre foi, de votre conviction. Selon votre attitude, le soleil deviendra pour vous une présence réelle, vivante, puissante, ou bien il restera seulement un objet physique qui vous éclaire, qui vous chauffe, bien sûr, mais guère plus qu'une ampoule électrique ou un poêle.

Efforcez-vous de regarder le soleil en prenant conscience de cette vérité qu'il représente : il vous parlera, il deviendra votre ami, un ami sur lequel vous pourrez compter et vous appuyer, car il possède la vraie force.

De temps en temps arrêtez-vous, fermez les yeux, entrez en vous-même, et essayez de retrouver ce centre divin qui est la source pure de la vie.

Ouvrir et fermer les yeux est un des actes les plus fréquents de la vie quotidienne, mais on le fait inconsciemment et c'est pourquoi on n'apprend rien. Alors maintenant, avec cet exercice, apprenez à le faire consciemment. Fermez les yeux lentement et gardez-les un moment fermés… Puis ouvrez-les à nouveau, lentement, et étudiez les changements qui se produisent en vous. Peu à peu, vous arriverez à comprendre comment cette alternance d'ouverture et de fermeture des yeux a sa correspondance dans la vie intérieure : ouvrir les yeux, c'est aller vers le monde extérieur, l'animation, le bruit ; les fermer, c'est revenir vers le centre de votre être, qui est paix et silence. Quand vous aurez réussi à toucher ce centre en vous, vous sentirez affluer des courants qui vous apporteront l'équilibre, l'harmonie, la lumière.

La spiritualité ne consiste pas à séparer l'esprit du corps physique. Manger et boire n'importe quoi, dormir à même le sol, supporter les plus grandes chaleurs et les plus grands froids, vivre dans des conditions d'hygiène déplorables, comme l'ont fait et le font encore tant d'ermites, bien sûr, c'est une manière d'apprendre à ne pas se laisser dominer par les besoins du corps physique, à ne pas s'oublier dans les plaisirs sensuels. Mais ce ne sont pas les meilleures conditions pour que l'esprit se fasse entendre. Un corps usé, souffrant, délabré, n'est pas le temple dans lequel il viendra se manifester, et je ne conseille à personne ces pratiques ascétiques.

Il faut être raisonnable, garder la mesure, et faire le nécessaire pour conserver le corps physiquc en bonne santé. Ainsi, au moment où l'esprit voudra nous apporter des inspirations, des révélations, le corps physique sera pour lui la matière réceptive, docile, à travers laquelle il pourra s'exprimer idéalement.

La plupart des gens ne se rendent pas compte qu'il n'existe en eux que contradictions, luttes et déchirements ; ou s'il arrive qu'ils s'en rendent compte, ils l'acceptent comme une fatalité et ils ne savent même pas pourquoi c'est ainsi. C'est pourtant très simple : en eux les trois puissances de l'intellect, du cœur et de la volonté ne sont pas unies pour travailler dans la même direction. L'intellect est enthousiasmé par les idées qu'on lui présente, mais le cœur, qui veut se satisfaire aussi, choisit les plaisirs en oubliant totalement les décisions de l'intellect. Quant à la volonté, elle obéit une fois à l'un, une fois à l'autre, ou bien abandonnée à elle-même, elle fait n'importe quoi…

Pour mettre fin à ces désordres, l'homme doit se créer un idéal divin, le chérir et l'alimenter, jusqu'à ce qu'il prenne possession de lui, s'incarne en lui et ne fasse plus qu'un avec lui.

Le rang social, les diplômes, le compte en banque, la maison, les vêtements, les bijoux… C'est là-dessus que les humains s'arrêtent d'abord pour se faire une opinion sur les autres. Cette attitude très superficielle n'est évidemment pas à préconiser, mais elle est pourtant le reflet de ce qui se passe dans le plan spirituel. Là, celui qui est plus riche, plus beau, plus grand, plus fort que les autres dans le domaine des vertus, mérite que le Ciel le considère et s'occupe de lui.

Mais les humains ont oublié cette notion de noblesse et de richesse spirituelles ; ils ont gardé des critères exclusivement matériels, sans voir que ces formes du monde d'en bas reflètent celles du monde d'en haut. En s'attachant exclusivement aux apparences physiques, ils ont oublié que la richesse, la beauté, la grandeur, la puissance matérielles sont les pâles reflets d'un monde infiniment supérieur qu'ils doivent s'efforcer d'atteindre.

Pourquoi éprouvez-vous des difficultés à méditer ? Parce que vous n'avez pas encore bien compris que chaque moment de l'existence n'est pas isolé, mais lié à tous ceux qui le précèdent : vous devez donc être attentif et préparer les conditions afin de pouvoir faire, le moment venu, un véritable travail par la pensée.

Supposez que vous vous soyez disputé avec quelqu'un : le lendemain quand vous voudrez méditer, vous n'arrêterez pas de ruminer et de régler des comptes avec lui. Au lieu de vous sentir dégagé et de vous élever jusqu'aux régions divines, vous serez occupé uniquement à poursuivre vos discussions de la veille. Une fois pour une raison, une fois pour une autre, la même histoire va se répéter et vous ne saurez jamais méditer. Donc, que ce soit clair. Vous pouvez réaliser beaucoup de choses par la pensée, mais à condition de prendre conscience que chaque moment de votre vie étant lié à ceux qui le précèdent, le travail de la pensée, comme tous les autres travaux, doit se préparer.

Si les créatures ne se laissent pas pénétrer par les forces de l'esprit qui travaille dans la matière pour l'animer, pour la rendre plus sensible, plus réceptive à la lumière d'en haut, elles meurent ; et c'est cela véritablement la mort : ce refus d'évoluer, de vibrer à l'unisson avec les courants de l'esprit.

La mort spirituelle est une chute dans la matière la plus dense, la plus compacte, et cette chute se produit dans la conscience : l'homme perd la lumière, il perd le souvenir de l'empreinte céleste inscrite en lui, il devient une pierre dans laquelle la vie s'est tellement ralentie qu'elle n'a plus la force de produire des pensées et des sentiments. La vie est un perpétuel mouvement en avant, et celui qui refuse d'avancer régresse, il retourne vers l'inconscience de la pierre qui n'est rien d'autre qu'une conscience endormie ; toutes ses manifestations physiques et psychiques deviennent l'expression de cette vie pétrifiée.

Quand il s'agit de se préparer à un métier manuel, artistique ou intellectuel, les gens admettent qu'ils ont besoin de s'instruire. Mais les mêmes repoussent l'idée d'avoir quoi que ce soit à apprendre pour la conduite de leur vie intérieure. Et c'est là une attitude qui leur fait courir bien des risques. Ceux qui ne veulent rien connaître des expériences et de l'enseignement des Maîtres spirituels coupent le lien avec ces livres vivants qui pouvaient leur révéler l'essentiel. Qu'ils ne s'étonnent pas ensuite de se retrouver dans des impasses et de recevoir quelques secousses de la destinée.

Il est très important d'avoir un Maître vivant ou d'être en liaison avec les Maîtres du passé. En nous liant à ces êtres qui ont fait tellement plus d'expériences que nous et qui en ont tiré tellement de leçons, nous nous imprégnons de leur savoir. Nous vivons, nous agissons, et quelque chose d'autre vient chaque fois se joindre à nos propres expériences, quelque chose de supérieur, de plus riche que nous et qui nous aide.

Dès le matin avant de rencontrer et de saluer qui que ce soit, pensez à saluer toute la nature, toutes les créatures visibles et invisibles. Dites-leur : « J'apprécie votre travail, je vous aime, je veux être en harmonie avec vous ! » À ce moment-là, en réponse à votre salut, la nature entière s'ouvrira aussi à vous, elle vous enverra des forces pour toute la journée.

Pourquoi ne pensez-vous pas que vous avez tous un travail à faire avec votre pensée, avec votre amour, afin que la nature s'ouvre à vous. Touchez seulement une pierre avec amour, et elle n'est plus la même, elle vous accepte, elle vibre à l'unisson avec vous, elle vous aime elle aussi. Mais oui ! Tout est vivant sur la terre, et c'est à vous de savoir comment travailler pour que cette vie vienne jusqu'à vous.

L'intelligence, la sagesse, la pureté vous donnent de grands pouvoirs. L'amour aussi, bien sûr, car il est un alchimiste qui transforme tout ; grâce à l'amour vous arrivez à surmonter les états négatifs : le chagrin, la tristesse, la colère, la haine… Mais la plus grande force, celle que rien ne peut abattre, c'est la vérité qui vous l'apporte, parce que la vérité appartient au monde de l'esprit et que la véritable puissance se trouve dans l'esprit.

Jésus a dit : *« Cherchez la vérité et la vérité vous libèrera ».* Pour se libérer, il faut posséder la vraie force que la sagesse seule ne possède pas ; beaucoup de sages ne sont pas arrivés à se libérer. Et même l'amour seul ne peut pas libérer entièrement. Seule la vérité peut le faire, c'est-à-dire l'union de la sagesse et de l'amour. Et cette union se réalise dans l'esprit.

L'amour est le sujet de prédilection des poètes, et dans les romans, les pièces de théâtre, les films, sous une forme ou sous une autre il y a toujours une histoire d'amour : comment ils se sont rencontrés, comment ils se sont embrassés, comment ils se sont séparés… Les noms, les époques et les endroits changent, mais c'est toujours la même histoire dont personne ne se lasse.

Pour un Maître spirituel aussi l'amour est la question essentielle, avec seulement une différence dans la façon de le comprendre et de le vivre. Il vous dira : « C'est parce que vous ne cherchez l'amour qu'auprès des hommes et des femmes, que vous êtes si souvent déçu. L'amour est répandu partout dans l'univers, depuis les pierres jusqu'aux étoiles, et c'est là d'abord que vous devez le chercher, le contempler, le respirer, le manger. Une fois que vous aurez trouvé cet amour qui imprègne toute la création et toutes les créatures, vous pourrez dire que vous avez véritablement trouvé l'amour et vous vivrez dans la plénitude de l'amour. »

Pour faire face aux difficultés que nous rencontrons, nous devons préserver en nous la conscience de l'unité. Bien sûr, en apparence, c'est la philosophie de la dualité qui est véridique : le monde nous présente en permanence le spectacle de tant de luttes, de conflits, d'affrontements et d'antagonismes de toutes sortes ! Les humains s'opposent, mais en réalité, ils sont un. S'ils se séparent, c'est la mort pour les uns et pour les autres. Voilà ce qu'ils n'ont pas vu. Donc, tout en apparaissant séparés puisqu'ils se combattent, ils sont liés, ils sont nourris par l'unité.

Sur cet Arbre cosmique de l'unité, il y a beaucoup de branches, de feuilles et de fruits qui se bousculent, mais ils ne peuvent rien contre le fait qu'ils ont le même tronc, les mêmes racines dont ils dépendent pour leur survie.

L'espace n'est pas quelque chose de vague et d'indéfini, il obéit à une structure qui correspond au nombre 4 : les quatre points cardinaux. Et l'être humain, microcosme créé à l'image du macrocosme, est lui aussi, d'une certaine façon, construit d'après le nombre 4 : lorsqu'il écarte les bras, dans la ligne verticale tête-pieds coupée par la ligne horizontale des deux bras, on retrouve les quatre directions de l'espace.

Vous demanderez : « Mais la tête, c'est le nord ou bien l'est ? » Peu importe. Quand quelqu'un perd le contrôle de ses pensées, on dit qu'il a perdu le nord. Mais on peut dire aussi qu'il est désorienté ; et puisque l'orient, c'est l'est, le côté où le soleil se lève, est et nord ont symboliquement une signification identique.

Parce qu'ils ont lu quelques livres, beaucoup se disent disciples d'une École initiatique, mais en réalité ils ne savent pas toujours ce que cela signifie.

Le disciple d'une École initiatique commence par reconnaître l'existence d'un monde supérieur, le monde divin, et il veut s'instruire et se soumettre à ses lois pour pouvoir réaliser ses projets. À ce moment-là, tout change pour lui : il entre en possession de moyens qui ne sont plus seulement les siens, mais ceux des entités lumineuses qui peuplent le système solaire et le cosmos tout entier ; car il est devenu un de leurs représentants. Il ne se laisse pas influencer par ceux qui s'obstinent dans leur philosophie individualiste, séparatiste, anarchique, en sachant qu'il se trouverait réduit à ses propres ressources et que ces ressources diminueraient de plus en plus. Au contraire, il comprend l'intérêt de servir le Ciel, et il devient ainsi plus fort, plus riche, parce qu'il dispose de tout un capital cosmique, divin.

Notre main n'est pas seulement cet organe qui nous permet de toucher ou de saisir des objets et des êtres ; elle est un résumé de notre être entier, et tous nos organes y sont représentés. Bien sûr, les anatomistes n'acceptent pas cette idée, mais un jour ils découvriront combien les mains sont intelligemment conçues. Elles sont aussi très sensibles et vous devriez plus souvent tenir compte de leurs avertissements. Parfois elles vous préviennent que vous allez tomber malade, mais vous ne faites pas attention, vous ne remarquez pas qu'à l'extrémité de vos doigts les courants sont changés.

Les mains sont des instruments parmi les plus merveilleux que la nature ait donnés à l'homme pour faciliter son évolution spirituelle. Grâce à elles, vous pouvez aussi vous lier au monde invisible, envoyer des ondes bénéfiques et désagréger les mauvais courants. Mais cette science ne se révèle véritablement qu'au disciple d'une École initiatique, car pour celui qui n'est pas préparé, elle comporte de grands dangers.

Que peut vous apprendre l'invention du téléphone ? Cet objet est là, posé sur une table. De temps à autre vous faites un numéro et vous parlez. Ce n'est pas à l'appareil que vous vous adressez mais, par son intermédiaire, à une personne qui se trouve ailleurs, parfois même très loin, et cette personne écoute et répond.

D'après la Science initiatique, tous les êtres, tous les objets peuvent être eux aussi considérés comme des intermédiaires : ils vous mettent en relation avec d'autres êtres, d'autres objets, d'autres entités du monde invisible, spirituel. C'est là par exemple la fonction des images saintes, des reliques, qui ont joué un si grand rôle dans la chrétienté. Ces images, ces reliques sont précieuses, mais à condition de savoir comment les considérer. L'être divin que vous cherchez n'est pas là, dans sa représentation matérielle. Cette représentation est seulement une sorte de témoin, un support pour votre recherche…

Artistes, mystiques et Initiés, ces trois catégories d'êtres ont un point commun important : ils contribuent à l'avancement spirituel de l'humanité ; les artistes par leurs chefs-d'œuvre, les mystiques par leurs vertus, et les Initiés par leur lumière.

Les artistes s'efforcent de présenter dans le plan physique des formes de plus en plus belles et harmonieuses, les mystiques se concentrent sur le domaine moral, et les Initiés sur celui des idées, des principes. Ces trois catégories d'êtres se rejoignent dans leur désir de faire progresser les humains en travaillant les premiers sur la forme, les seconds sur le contenu, les troisièmes sur le sens. Leurs activités correspondent aux trois principes essentiels dont l'être humain est constitué : le corps (les artistes), l'âme (les mystiques), et l'esprit (les Initiés).

Des exercices très simples de concentration, de maîtrise de soi, pourraient, si elles les faisaient ne serait-ce que quelques minutes, apporter de grands bienfaits à beaucoup de personnes. Mais elles n'ont pas le temps, paraît-il. Eh bien, puisqu'elles n'ont pas le temps pour être dans la paix, l'harmonie, la lumière, elles en auront toujours pour être dans les troubles, les désordres et les ténèbres.

S'il y a une chose qui arrive de façon certaine dans la vie, c'est d'être malheureux, triste, découragé, et ce qui est moins certain, c'est d'être heureux, fort, serein. Pourquoi ? À cause de cette formule dont tous se gargarisent : « Je n'ai pas le temps ! » Voilà une façon commode de justifier leur paresse, leur inertie. Pas le temps d'étudier, de prier, de faire des exercices. Et qu'est-ce qui occupe ces personnes qui n'ont pas de temps ? Rien d'autre, souvent, que des futilités. Dire que vous n'avez pas le temps vous justifiera peut-être devant les aveugles et les ignorants, mais jamais devant le Ciel.

« Ce n'est pas ce qui entre dans la bouche qui souille l'homme ; mais ce qui sort de la bouche, c'est ce qui souille l'homme... Ce qui sort de la bouche vient du cœur, et c'est ce qui souille l'homme. » Pour comprendre ces paroles de Jésus, nous devons nous reporter à ce que la Science initiatique révèle sur l'être humain et ses différents corps : physique, astral, mental, causal, bouddhique et atmique.*

Le corps astral est le siège de l'affectivité, des sentiments, des désirs, et il est représenté en nous par ce que nous appelons le cœur. Ce qui sort par la bouche vient du cœur, et c'est cela qui souille l'homme s'il n'a pas appris à purifier son corps astral. La bouche dont il est question là est évidemment aussi une bouche astrale. Rien de matériel ne sort de la bouche physique : elle ne fait qu'avaler, absorber. En revanche, beaucoup de choses sortent par la bouche astrale, car à travers elle s'expriment les sentiments, les émotions, les désirs, et s'ils lui sont inspirés par sa nature inférieure, l'homme se salit. Avant de salir les autres, il se salit lui-même.

* Voir note et schéma, p. 372 et 373.

La structure de l'être humain est analogue à celle des plantes, sauf que cette structure est inversée : ce qui représente ses racines se trouve en haut dans le plan causal*. Oui, les racines de l'homme sont dans son cerveau, c'est par son cerveau qu'il puise des forces.

Chez les plantes, le cerveau se trouve dans la terre, ce sont leurs racines ; les feuilles sont les poumons ; et les fleurs sont les organes sexuels. La plante qui n'a pas pu effectuer correctement son travail dans les racines ne peut rien produire. L'arbre qui ne produit pas de fruits a été gêné dans ses racines. De même, l'homme reste improductif et ne peut se manifester correctement dans le plan physique si, par son cerveau, il n'a pas su puiser des forces dans le monde divin.

* Voir note et schéma, p. 372 et 373.

Vous rencontrerez partout des gens qui se plaignent que le monde est mal fait : combien d'événements qui se produisent en sont la preuve ! Mais c'est seulement leur opinion. D'après l'Intelligence cosmique tout est bon, tout est à sa place. Parce qu'elle sait se servir de tout.

Prenez un chimiste : dans son laboratoire il peut avoir des poisons, des virus ou encore des explosifs, mais il ne s'en sert pas pour empoisonner et détruire les humains, il s'en sert pour trouver des éléments utiles et curatifs. Alors ce que fait un chimiste, comment penser que l'Intelligence cosmique n'est pas capable de le faire ? Elle a besoin de tous ces matériaux, de tous ces éléments que nous prétendons mauvais ; ils sont utiles dans l'économie universelle. Si les humains ne savent pas s'en servir, c'est leur faute, cela ne signifie pas que le monde est mal fait.

Chaque grande période de l'histoire du monde est marquée par la prépondérance d'un des quatre éléments : terre, eau, air, feu. À notre époque, c'est le feu qui va dominer, l'humanité connaîtra le feu sous toutes ses formes. C'est pourquoi nous devons apprendre à devenir les amis du feu.

En nous liant au soleil, qui est le vrai feu, en le contemplant, nous changeons peu à peu les vibrations de notre être jusqu'à sentir que nous nous fusionnons avec lui. Ceux qui aiment le soleil, qui ont compris la place qu'il doit occuper dans leur vie spirituelle, seront protégés et résisteront aux agressions du feu.

Comment ne pas perdre ce qu'on a gagné ? En embrassant la vie spirituelle, vous consacrez du temps à la prière, à la méditation, à la lecture d'ouvrages philosophiques et mystiques qui vous font entrevoir les vérités les plus profondes. Alors votre cœur se remplit d'amour, votre intellect s'illumine, le sens de la vie vous apparaît enfin clairement. Mais voilà qu'après ces moments de vie intense, il arrive que vous vous laissiez aller à des préoccupations tout à fait ordinaires, et vous perdez le bénéfice du travail réalisé.

Alors, faites attention, commencez surtout par être vigilants dans vos conversations. Tâchez de ne parler que de sujets constructifs, de ne prononcer que de bonnes paroles qui donneront aux autres du courage, une meilleure vision des choses et le désir d'avancer sur le chemin de la lumière. Les paroles sont des germes, et les germes poussent : ils peuvent donner des fleurs et des fruits, ou bien des épines et des plantes vénéneuses.

Même si votre route est semée d'obstacles qui vous font trébucher, vous pouvez vous relever et continuer à progresser dans la voie du bien. Évidemment, il vaut mieux ne pas tomber, et pour cela vous devez sans cesse prêter l'oreille à votre voix intérieure, afin de ne pas faire un mauvais choix ; car, une fois le choix fait, vous devrez en assumer les conséquences jusqu'au bout.

Une image : si vous êtes monté sur un toit, vous avez le choix entre redescendre par l'échelle ou vous jeter dans le vide. Si vous décidez de sauter, vous êtes immédiatement saisi par la loi de la pesanteur et vous allez vous écraser sur le sol. À un moment, vous avez le choix, mais le moment suivant, c'est fini, vous tombez. Bien sûr, si dans la conduite de votre vie vous avez pris une mauvaise orientation que vous regrettez, vous pouvez toujours décider de changer de direction. Mais combien d'efforts devrez-vous faire à nouveau ! Alors, prenez bien conscience que c'est avant que vous devez réfléchir, pas après.

Au moment où vous vous endormez, il se produit un changement dans votre conscience, et pourtant ce sommeil n'est, sous une autre forme, que le prolongement des activités et des préoccupations de l'état de veille.

Si, pendant la journée, vous vous efforcez de quitter le champ des pensées et des sentiments prosaïques, égocentriques, pour atteindre un niveau plus élevé, plus vaste, vous trouvez pendant le sommeil des conditions favorables pour continuer ce travail. Quand vous vous endormez, votre âme ne reste pas à tourner autour de votre corps, elle le quitte pour parcourir l'espace à la découverte des autres mondes et de leurs habitants. Et même si vous ne vous souvenez pas, au réveil, de tout ce que vous avez vu et entendu, ces voyages laissent en vous des traces profondes qui transforment peu à peu votre compréhension des choses.

Ne laissez pas passer vos états psychiques sans en analyser et approfondir les variations. Ainsi vous devez pouvoir vous rendre compte si, après avoir vécu certains moments de grande intensité spirituelle, vous êtes capable de retrouver ensuite ce même niveau de conscience. En écoutant de la musique, par exemple, vous avez tous pu constater que pour le même morceau, il y a des jours où vous êtes ému, transporté, comme si des cordes jusque-là inconnues s'étaient mises à vibrer en vous, et d'autres jours où vous ne ressentez rien.

Il s'agit maintenant d'avoir cette même conscience pour tous les domaines de la vie psychique, d'apprendre à reconnaître la qualité et l'intensité de vos sensations, de vos émotions. Oui, voilà encore une qualité à développer : le discernement. Se rendre compte chaque jour, chaque mois, chaque année si vous avez progressé, et sinon, en chercher la cause.

Il est rare qu'on puisse accéder à un poste important dans la société sans avoir à donner des preuves de ses capacités, et c'est pour cela qu'existent les examens et les concours. Et si malgré les difficultés beaucoup de candidats acceptent d'affronter ces épreuves, c'est qu'ils savent les avantages que l'on retire en s'élevant dans la hiérarchie sociale : tout en travaillant moins, ils seront mieux payés, et surtout ils auront plus de possibilités pour agir, pour organiser les choses, dominer la situation. Mais qui pense qu'il en est exactement de même pour la vie intérieure ?

Les Initiés, les vrais disciples savent qu'il y a dans le plan spirituel d'autres commissions, d'autres observateurs qui les examinent, les pèsent et leur donnent un diplôme. Alors, au lieu de vouloir entrer en compétition avec les humains, ils concentrent leurs efforts sur le plan spirituel. Plus ils s'approchent du sommet, de la perfection, plus le Ciel leur donne une place élevée, des pouvoirs étendus… et un jour, ils sont même capables de commander aux forces de la nature.

Devant les difficultés de la vie, devant votre impuissance à maîtriser les événements, il arrive que vous vous sentiez accablé. Mais comprenez bien qu'il n'est écrit nulle part que vous devez être irrémédiablement écrasé par le destin. Il n'y a de fatalité que pour celui qui oublie la présence de l'esprit en lui.

Donc, quelles que soient les épreuves que vous avez à traverser, dites-vous : « Je suis un esprit et je peux donc me rendre maître de ma destinée. » Évidemment, vous ne pourrez d'abord changer que peu de choses, car vous n'arriverez à faire dévier votre route que d'un centième de degré. Mais si vous poursuivez votre effort dans cette nouvelle direction, un jour il y aura tout un système solaire entre la fatalité et vous. Ce qui importe, c'est de pouvoir retrouver en vous-même la puissance de l'esprit.

Les désirs et les passions qui bouillonnent, on trouve partout cela chez les humains. Mais ce qui est rare, introuvable presque, c'est l'intelligence qui pèse, trie, compare et fait des choix. Cette intelligence qui est la plus précieuse, malheureusement les humains n'en veulent pas. Ils se disent : « Si nous devons toujours mettre l'intelligence et la raison à la première place, nous serons obligés de renoncer à certains plaisirs, de faire des efforts pour être toujours lucides et nous maîtriser, et nous n'en avons pas envie. »

Dire une chose pareille, c'est avouer qu'on est aveugle et borné, car, au contraire, on serait plus heureux si on était assez lucide pour discerner la nature de ses désirs, de ses impulsions et faire un triage. Comment peut-on préférer l'aveuglement à la lucidité ? Quand on ne voit rien, on ne prévoit rien pour se protéger, on est exposé à tous les dangers.

1 Juillet

Les douze constellations zodiacales sont les douze portes de notre univers, et ces douze portes se retrouvent dans notre corps physique. Oui, car les yeux, les oreilles, la bouche, les narines, et plus bas encore certaines ouvertures, sont aussi des portes. Et de la même façon que les portes du zodiaque sont un lieu de passage pour les influences cosmiques, les portes de notre corps permettent le passage des forces et des esprits.

Pour celui qui a réalisé en lui-même un véritable travail de purification, les portes de son corps servent à entrer en relation avec les éléments subtils, lumineux de l'espace. C'est pourquoi il est dit dans la tradition initiatique qu'un ange se tient auprès de chaque porte. L'ange est pure énergie, et cette énergie qui attire les influences bénéfiques transforme aussi les courants négatifs qui tentent de s'infiltrer. Des anges veillent aux portes de tous ceux qui ont travaillé à faire de leur être le tabernacle du Dieu vivant.

2 *Juillet*

Efforcez-vous de mettre au point une sorte d'échantillon intérieur grâce auquel vous pourrez évaluer avec certitude tout ce qui s'offre à vous : les conditions, les objets, les êtres… et sentir si, en vous engageant avec telle personne, en acceptant telle proposition, en vous lançant dans telle entreprise, vous vous rapprocherez ou vous éloignerez de votre idéal spirituel. On peut appeler cela tout simplement le discernement.

Mais cette faculté dont je vous parle appartient plus au domaine de la sensation qu'à celui de la compréhension. C'est quelque chose de très difficile à cxpliquer. Cette faculté s'acquiert par l'observation, la réflexion, la méditation, la prière, mais surtout la vigilance : après chaque expériencc faite, il est important que vous vous analysiez pour savoir où vous en êtes. En vous appliquant à mettre au point cette faculté, cet échantillon… ou ce radar, vous pourrez vous orienter correctement dans toutes les conditions de la vie.

« Des goûts et des couleurs on ne doit pas discuter », dit-on, pour justifier que chacun est libre de ses sentiments et de ses opinions. Bien sûr, vous n'avez pas à essayer d'imposer aux autres vos idées, vos convictions ou vos règles. Laissez les autres tranquilles. Mais vous, tâchez de devenir sensible à ce qui est une norme aux yeux du Ciel. Ce qui est bon et beau d'après les critères de l'âme et de l'esprit doit être bon et beau pour tous universellement. C'est seulement dans la quantité que chacun est libre d'avoir ses goûts, mais pas dans la qualité ou la nature de ce que vous choisissez. Il faut toujours choisir ce qui est pur, lumineux, divin.

Il existe une multitude d'anges et d'archanges dans l'univers et personne ne vous reprochera de vous lier à tel ange plutôt qu'à tel autre, et vous pourrez rester avec lui autant que vous voulez. Mais si vous choisissez un diable, pour changer un peu, parce que cela vous paraît plus original ou plus pimenté, alors là, aux yeux du Ciel vous ne serez jamais justifié.

4 Juillet

En concentrant les rayons du soleil avec une loupe – c'est-à-dire un simple morceau de verre – on peut produire un incendie. Ce pouvoir de la concentration, les Initiés l'avaient déjà découvert dans le plan psychique bien avant que les physiciens en aient mis au point des applications pratiques, et ils en ont fait la base de leur travail spirituel. Depuis des millénaires, ils enseignent à leurs disciples que, pour avancer dans la voie de la lumière, ils doivent rassembler tous les courants éparpillés de leur être pour les appliquer en un seul point.

Cet exercice de concentration si bénéfique que chacun peut faire seul chez lui, pourquoi ne pas le faire ensemble ? Si de plus en plus d'hommes et de femmes éclairés, déterminés, conscients, se réunissent pour demander le Royaume de Dieu, ils seront comme les rayons du soleil concentrés sur un seul point, et à ce moment-là ils pourront même faire fondre les cœurs les plus endurcis.

Au lieu de souligner ce qui vous manque et de vous plaindre, pensez à remercier chaque jour le Seigneur, à être reconnaissant de tout ce qu'Il vous donne. Voilà le secret magique qui transformera votre vie.

En sachant ainsi remercier, vous augmentez en vous l'amour et la lumière, et cet amour et cette lumière se reflètent sur tous vos actes. Vous regardez le monde avec d'autres yeux, vous avez une meilleure attitude à l'égard de tous ceux que vous rencontrez et ils s'ouvrent à vous, parce qu'ils sentent que vous répandez la paix et la joie. Ils se disent : « Quelle personne sympathique ! Cherchons ce qu'on pourrait faire pour lui être agréable ! » C'est ainsi que Dieu entre dans leur cœur, afin de vous aider à travers eux. Oui, parce que vous avez pensé à Le remercier.

C'est la nature qui pousse les êtres humains – les femmes surtout, mais les hommes aussi – à rechercher la beauté physique. Mais pour cela aussi ils doivent développer en eux des qualités de l'âme et de l'esprit. Vous avez remarqué comment, sous l'impulsion d'un sentiment noble, des visages qui n'ont habituellement aucune beauté sont soudain transfigurés ? C'est parce que les mouvements de la vie intérieure agissent sur les nerfs, sur les muscles.

Un être qui arrive à vivre souvent des états spirituels, transforme peu à peu son visage. Alors qu'une femme qui est là occupée de sa beauté parce qu'elle veut évincer une rivale, ne fait rien d'autre que de s'enlaidir. Les sentiments de possessivité, de jalousie, de haine sont plus puissants que les crèmes, lotions et maquillages dont elle peut se servir. L'utilisation de certains produits de beauté n'est évidemment pas condamnable, mais, même pour améliorer votre apparence physique, donnez la priorité à votre vie intérieure.

Dans la Rome antique, les prêtresses de Vesta, déesse du foyer, étaient chargées d'entretenir jour et nuit le feu sacré. Mais pourquoi entretenir un feu ? S'il s'éteignait on pouvait le rallumer, on n'était plus aux temps préhistoriques. En réalité, ce feu entretenu par les Vestales était un symbole du feu intérieur que l'être humain ne doit jamais laisser s'éteindre. Les Vestales, qui étaient des vierges, représentaient la Mère divine dans son aspect le plus pur. Car la pureté est la condition du feu et de la lumière. La présence de la Mère divine est indispensable à l'entretien du feu, du feu sacré de l'amour.

Chaque être humain doit devenir dans son âme une vierge qui attire et entretient le feu afin que le principe masculin en lui qui est la volonté, l'esprit, puisse l'utiliser pour créer. Car le feu est à l'origine de toutes les créations. Regardez : depuis la préparation tellement simple d'un repas jusqu'au décollage d'une fusée spatiale, le feu est indispensable. Et il l'est bien plus encore dans le domaine spirituel.

D'où vient l'intérêt que les humains portent aux jeux sportifs ? Du fait qu'ils sentent confusément que ces jeux sont à l'image des difficultés qu'ils rencontrent dans la vie quotidienne : courir, sauter, lutter, nager, grimper, se renvoyer des balles… Alors, puisque ces jeux sont à l'image des problèmes qu'ils ont à affronter tous les jours, pourquoi ne pas renverser la situation en prenant les problèmes comme des jeux ? Au lieu de se sentir accablé, irrité par la moindre difficulté, se dire : « C'est encore une occasion de réaliser une performance, voyons comment je vais réussir. »

Étudiez bien chaque fois la nature de l'épreuve que vous devez affronter et lancez-vous des défis à vous-même. Par exemple : « Je ne m'arrêterai pas avant d'être arrivé au but… Je franchirai cet obstacle… » Oui, ce sont des défis comme ça que vous devez de temps en temps vous jeter à vous-même, et vous verrez que non seulement les épreuves vous paraîtront plus faciles à supporter, mais que dans la victoire sur ces épreuves vous puiserez une nouvelle confiance en vous.

Vous reconnaissez que, pendant les repas, vos préoccupations n'ont le plus souvent aucun rapport avec l'acte de manger, n'est-ce pas ? Alors, désormais, tâchez d'avoir un regard pour ce que vous avez mis dans votre assiette, et dites au moins : « Merci, Seigneur, de pouvoir Te goûter à travers ces légumes et ces fruits qui sont porteurs de ta vie. »

La pensée et le sentiment agissent particulièrement sur le fonctionnement des glandes salivaires. Ces glandes, une fois activées, sécrètent des éléments chimiques qui extraient les énergies de la nourriture. Ce n'est pas l'estomac, mais la bouche et la langue qui reçoivent la quintessence des aliments grâce aux sentiments d'amour et à la pensée jointe à cet amour. La langue et la bouche sont équipées pour puiser dans la nourriture ce qui est essentiel, vital, et elles l'envoient au cerveau ainsi que dans tout le système nerveux. Ainsi, avant même que les aliments passent dans l'estomac, puis dans les intestins, l'organisme en a déjà absorbé les éléments éthériques, ceux qui donnent la vitalité, et vous vous sentez régénéré.

Expliquez à un chat qu'il ne doit plus manger de souris ; il fera « miaou »… (traduction : c'est d'accord). Mais si pendant que vous êtes en train de le prêcher, il entend quelque part un petit grattement, il vous quitte, sans hésitation ni scrupule, pour aller attraper la souris ! C'est sa nature. Alors, n'ayez pas trop d'illusions chaque fois que vous prêcherez à un chat de ne plus manger de souris – symboliquement parlant.

Qu'est-ce que je veux vous dire par là ? Que chacun vient sur la terre avec des goûts, des tendances, un tempérament déterminés. Quoi qu'il fasse, quelle que soit sa volonté, il ne pourra en changer. Alors, étudiez bien la nature des êtres que vous êtes amené à fréquenter, afin de ne pas attendre d'eux des manifestations qu'ils ne peuvent pas avoir ; ils feront un effort, peut-être, pour vous faire plaisir, mais ça ne durera pas, car on ne peut demander à personne d'aller contre ce qui est sa véritable nature.

Notre vie n'est qu'une perpétuelle combustion. Déjà seulement quand nous pensons, quand nous parlons, nous brûlons certaines matières de notre organisme. Et c'est encore plus vrai pour les émotions : un choc, un grand chagrin, ou même une grande joie, est une combustion qui produit des scories, de la cendre, et ensuite il faut se reposer, dormir, pour donner à l'organisme la possibilité de récupérer.

Chaque manifestation, chaque sensation, chaque émotion, est une dépense de matériaux et d'énergies. Alors comment faire prendre conscience aux hommes et aux femmes de tout ce qu'ils perdent dans les effervescences de la passion et de la sensualité ? Car c'est là justement que les dépenses sont les plus grandes et qu'il est le plus difficile de récupérer. Ce qu'ils brûlent ainsi, ce sont des quintessences d'une nature subtile, spirituelle, et à la longue ils perdent leur intelligence, leur finesse, leur beauté.

Il en est de la destinée comme d'un moyen de transport, paquebot, train, que vous auriez pris pour vous rendre dans une ville déterminée. Disons que vous avez pris le train direct pour Nice : une fois que vous êtes monté vous irez à Nice. Mais dans le train, vous avez tout de même quelques libertés : quitter votre siège, changer de compartiment ou même de wagon, vous promener dans les couloirs, lire, dormir, regarder le paysage, ne rien faire ou entrer en relation avec d'autres voyageurs, aller au wagon-restaurant, etc. Et, même si c'est possible, il vaut mieux que vous ne vous jetiez pas par la portière du train. Vous êtes donc en même temps libre et contraint.

De la même façon, vous êtes venu sur la terre dans des conditions et avec des éléments déterminés, mais vous avez cependant une certaine liberté d'action et de mouvement. Toute la question est de savoir quel usage vous allez faire de ces possibilités, car vous pouvez les utiliser pour vous libérer ou pour vous limiter encore davantage.

Les plus grandes richesses sont dans la lumière. Apprenez donc à chercher la lumière, à vous nourrir de lumière, car non seulement vous serez riche, mais vous deviendrez généreux. Celui qui se sent riche éprouve le besoin de donner, il s'ouvre et il ressent de l'amour pour toutes les créatures.

C'est la pauvreté, qu'elle soit matérielle ou spirituelle qui engendre la haine. Quand vous voyez quelqu'un qui ne manifeste ni amour, ni noblesse, ni générosité, c'est qu'il est intérieurement pauvre et misérable. Le sentiment de privation qu'il éprouve le rend jaloux, méchant, haineux. Les vrais riches ne ressentent d'hostilité pour personne. Et les vrais riches, ce sont les sages, les Initiés, les grands Maîtres : parce qu'ils ont toujours cherché la lumière, ils vivent dans une telle abondance qu'ils ont besoin de donner. Même s'ils sont dans la misère, ils vivent intérieurement dans une telle plénitude qu'ils ne pourront jamais se montrer envieux ou haineux.

L'intellect est une faculté qui nous permet de connaître le monde physique et un peu quelque chose du monde psychique, mais pas plus. À lui seul il ne peut pas nous révéler la vérité de la vie.

Prenons l'exemple très simple d'une rose. Connaître une rose, ce n'est pas seulement percevoir sa forme, sa couleur, son parfum. Une rose, c'est aussi une émanation subtile, une présence qu'on ne peut pas saisir par l'intellect. Connaître la rose, c'est sentir tout cet ensemble d'éléments qui font d'elle une rose et pas autre chose. À plus forte raison pour l'être humain : la connaissance d'un être humain suppose qu'on puisse réunir, synthétiser tous les éléments qui le constituent, depuis son esprit jusqu'à son corps physique. Tant que vous n'y arrivez pas, vous ne pouvez pas prétendre le connaître et posséder la vérité sur lui. Or, la vérité d'un être, sa vérité définitive, absolue, réside dans son esprit, et elle ne peut être connue que par l'esprit.

Au-delà de l'atmosphère terrestre, dans ce que les Anciens nommaient l'éther, il existe une substance essentielle répandue à travers l'espace. Et tout ce qui existe sur la terre a la propriété d'attirer et de retenir une certaine quantité de cette substance porteuse de vie. Il serait souhaitable que des scientifiques même se penchent sur cette question et que, par des recherches en laboratoire, ils éclairent le public sur la nature de cette quintessence si nécessaire à la santé physique, psychique et spirituelle. Les hindous l'appellent « prâna » ; ils ont des méthodes pour le capter, et particulièrement par la respiration.

Mais il existe bien d'autres moyens que la respiration. Il y a la contemplation du soleil à son lever et du ciel étoilé la nuit ; il y a le contact avec les puissances de la nature dans les forêts, les montagnes, les rivières, les lacs et les mers. Et il y a aussi la nutrition, car tous les aliments que nous mangeons contiennent quelque chose de cette quintessence répandue partout dans l'espace, depuis les rochers jusqu'aux étoiles.

Se montrer froid, figé, fermé, pour la majorité des humains c'est la façon la plus convenable de se tenir en société. Voilà pour eux le summum de la sagesse ! Tandis que la spontanéité, la chaleur et l'enthousiasme sont plutôt mal considérés. C'est ainsi que l'on rencontre des milliers de créatures ternes, sans joie, sans vie, qui ne se rendent pas compte combien elles sont antipathiques. Comment peut-on avoir envie de les fréquenter ? Eh bien, voilà une attitude qu'il faut changer.

Donc, désormais, efforcez-vous de travailler sur la vie, sur l'intensité de la vie : comment intensifier les vibrations de tout votre être, afin de pouvoir projeter des rayons qui vivifieront et illumineront les êtres et les choses autour de vous.

Le malheur est une réalité terrible qu'il est absolument impossible de nier. Un enseignement spirituel ne vous dira pas que, quoi qu'il arrive, vous devez vous répéter naïvement : « Je suis heureux, je suis heureux. » Il vous dira simplement que dans les épreuves vous ne devez jamais perdre espoir, et que la souffrance qui vous atteint sur un certain plan ne vous empêche pas d'éprouver de la joie sur un autre plan.

Et surtout, quoi qu'il vous arrive, vous avez toujours la possibilité de faire un travail par la pensée qui vous permettra non seulement de tenir bon au milieu de ces épreuves, mais d'en sortir enrichi. Et ces richesses, vous ne les garderez pas pour vous. Par votre attitude, par votre façon d'affronter les événements, vous les ferez partager à d'autres.

Par l'intermédiaire de nos corps subtils, nous sommes en relation avec l'univers entier et nous participons à tous les événements qui s'y produisent. Vous direz : « Mais comment se fait-il que nous n'en sachions rien ? » Parce que notre cerveau n'est pas encore suffisamment affiné, exercé pour transmettre à la conscience les impressions qu'il reçoit. Et l'état de notre cerveau dépend de celui de notre organisme physique.

C'est donc de notre corps physique que nous devons nous occuper pour faire de lui un meilleur instrument de perception, en lui donnant une nourriture et des boissons pures, l'air pur, les rayons du soleil, et même ce qui existe de plus harmonieux comme mouvements, formes, couleurs, sons. Notre esprit, lui, n'a pas besoin de tout cela. Il est partout, omniprésent, omniscient, tout-puissant comme Dieu. C'est de notre matière que nous devons nous occuper pour la transformer : notre matière physique, mais aussi notre matière psychique, afin que l'esprit ait plus de possibilités pour se manifester à travers elle dans toute sa splendeur.

Il n'est pas mauvais que, l'été, les gens s'étendent presque nus sur les plages pour bénéficier de l'air et du soleil. Mais ces bénéfices seraient plus grands s'ils connaissaient la nature des influences auxquelles ils s'exposent et s'ils avaient quelques méthodes de travail. Car ce qu'ils reçoivent ainsi dénudés dépend des pensées et des sentiments qu'ils nourrissent.

La peau par elle-même est neutre, elle peut tout capter, le bon comme le mauvais. Ce qui oriente et détermine le travail de la peau, c'est la conscience, la pensée. Si vos pensées sont pures, lumineuses et liées à Dieu, c'est comme si votre peau recevait un ordre supérieur de se mettre à travailler pour chasser les poisons et n'attirer que les particules et les énergies vivifiantes. Réalisée dans de bonnes conditions, cette communion avec les forces de la nature peut vous renouveler, vous régénérer.

Les artistes contemporains, du moins pour la plupart, ne cherchent plus leur inspiration dans les régions supérieures de la conscience : ils manipulent des mots, des sons, des couleurs, des formes, ils font toutes sortes de combinaisons, ils s'amusent. Oh, bien sûr, ils font preuve de beaucoup d'imagination et d'originalité, et alors on regarde, on écoute, mais on ne se sent pas transporté. Et pourtant certains de ces artistes se prétendent des mystiques. Eh bien, non, ils n'ont pas les vrais critères spirituels.

Pour ceux qui se sentent une vocation artistique, cela devrait pourtant être bien clair : avant de créer, il faut faire l'effort de s'élever intérieurement dans la pureté et la lumière afin, pour ainsi dire, de « photographier » ou « enregistrer » les réalités célestes. C'est à cette seule condition qu'ils apporteront sur la terre des reflets de l'harmonie, de l'intelligence du monde d'en haut.

Nous sommes tous les jours exposés à absorber des éléments impurs, nocifs, et leur accumulation finit par créer des troubles dans notre organisme. Il faut donc chercher à s'en débarrasser et il existe plusieurs méthodes pour se purifier et éliminer les toxines. Mais ce qui est mieux encore que ce nettoyage et cette élimination, c'est d'être vigilant et de choisir les éléments que l'on absorbe.

Il est très important de savoir recueillir, le matin, les particules que nous apportent les rayons du soleil, car ce sont les seules qui ne produiront en nous aucune impureté. Tout ce que nous mangeons, buvons, respirons, laisse toujours quelques déchets. Cela ne doit pas nous empêcher, bien sûr, de continuer à manger, à boire et à respirer. Mais en même temps nous devons apprendre à nous nourrir avec cet élément supérieur qu'est la lumière solaire.

Mélodie, harmonie, symphonie…

La mélodie se joue sur une seule corde, se chante d'une seule voix. Tandis que l'harmonie sous-entend la participation de plusieurs cordes, de plusieurs voix ou de plusieurs instruments dont la combinaison est toute une science. Ainsi la mélodie est plus près du cœur, du sentiment ; l'harmonie est davantage liée à l'intellect, à la pensée.

Mais ni la mélodie, ni l'harmonie ne sont complètes par elles-mêmes. Pour atteindre la perfection, il faut que le cœur, qui parle dans la mélodie, arrive à éveiller l'âme, et que l'intellect, qui s'exprime dans l'harmonie, éveille l'esprit. Et avec l'âme et l'esprit nous entrons dans le domaine de la symphonie. C'est dans la symphonie que l'homme peut véritablement s'épanouir, parce qu'elle touche à la dimension cosmique de l'être. La symphonie représente tout l'univers qui chante en chœur : la musique des sphères…

Il est dit dans le livre des *Proverbes : « La crainte du Seigneur est le commencement de la sagesse.* » Déjà, bien avant, Moïse avait présenté le Seigneur comme un Maître intransigeant, qui ne pouvait inspirer que de la crainte. Mais celui qui agit toujours sous l'empire de la crainte ne peut pas réellement s'épanouir et, avec le temps, ce sentiment a sur lui une action destructrice.

Avec l'amour, au contraire, l'homme s'épanouit, et c'est pourquoi Jésus, en disant que Dieu est notre Père, est venu remplacer la crainte par l'amour. Bien sûr, l'enfant craint aussi un peu son père, et c'est une bonne chose, car il doit sentir qu'il y a des règles à ne pas transgresser et que, s'il les transgresse, il sera puni. Mais le père est surtout celui que ses enfants aiment, non seulement parce qu'il leur a donné la vie, mais parce qu'il les fait bénéficier de toutes ses richesses pour leur épanouissement.

On dirait qu'à l'heure actuelle la musique est devenue l'expression artistique la plus appréciée. Partout, de plus en plus on entend de la musique, et de plus en plus de jeunes veulent faire de la musique et chanter. Mais comme ils ne possèdent pas de critères, ils ne s'aperçoivent pas que certaines sortes de musiques qui remportent de grands succès ont sur eux une influence tout à fait néfaste. Du moment que c'est nouveau, original, c'est un critère suffisant. Et voilà comment ils en sont arrivés à appeler musique ce qui n'est en réalité qu'une succession de sons discordants accompagnés de hurlements et de gesticulations. Ils ne se rendent pas compte que ces cacophonies produisent des vibrations qui déchirent leur système nerveux et qu'elles éveillent dans leur âme des formes monstrueuses.

Oui, c'est grave, et il faut réfléchir à l'influence que certaines musiques peuvent avoir sur l'équilibre psychique des jeunes, et même des adultes.

Vous marchez dans la rue, vous devez attendre chez le médecin, devant un guichet ou sur un quai de gare, de métro… Au lieu de laisser vagabonder votre pensée, essayez de la maîtriser afin de créer grâce à elle une ambiance fraternelle, harmonieuse, pour qu'un jour la terre devienne un lieu où tous les humains seront heureux d'habiter.

Mais où sont les êtres éclairés qui se décideront à faire ce travail ? Quand ils ne sont pas concentrés sur une activité particulière la plupart se laissent aller à ruminer des désirs, des convoitises, des rancunes : comment ils vont donner une leçon à un tel, évincer un autre ou se venger de lui, et ces ruminations sont tellement coûteuses pour l'humanité entière ! Car c'est toute l'atmosphère qui est parcourue d'ondes chaotiques et malsaines. Quand il existera dans le monde suffisamment d'êtres éclairés qui, par leur façon de vivre et de penser, travailleront à purifier l'atmosphère spirituelle, peu à peu entraînés par l'exemple, beaucoup d'autres suivront.

Ne vous lancez pas à la légère dans des aventures amoureuses, car la puissance des liens affectifs est terrible. Et le jour où vous vous serez bien brûlé les ailes, vous accuserez l'amour, cause de tous vos malheurs. Eh non, c'est seulement l'ignorance au sujet de l'amour qui apporte les malheurs, pas l'amour lui-même. Car l'amour, c'est Dieu. Donc, pour vivre harmonieusement l'amour, nous devons tout d'abord aimer Dieu et nous imprégner de ses vibrations ; ensuite, nous pouvons, sans danger, nous permettre d'aimer les créatures.

Celui qui est lié à la Source peut distribuer son eau, car elle se renouvelle sans cesse en lui ; mais s'il coupe ce lien, il devient vite un désert car ses réserves ne sont pas éternelles. Une autre image : le sauveteur qui veut rattraper un homme en train de se noyer, fait en sorte qu'il s'accroche à ses jambes, pas à ses bras, sinon ils périraient ensemble. Si vous donnez tout votre amour aux humains, vous vous perdrez avec eux. Abandonnez donc vos jambes aux humains et gardez vos bras pour le Seigneur.

Le bois, le fer, la pierre… la matière du plan physique est dure, résistante, et il faut toutes sortes d'outils pour la travailler. Quelle différence avec la matière du monde psychique ! Dès l'instant où la pensée se met en action, cette matière prend la forme que la pensée veut lui donner. Même si l'homme n'en est pas conscient, c'est une réalité : sa pensée modèle et façonne sans arrêt la matière psychique, lui donnant toutes sortes de formes.

Mais comme cette matière subtile n'a pas les pouvoirs de s'imposer ici dans le plan physique, elle le traverse sans le toucher. Pour qu'elle puisse agir sur les objets et sur les êtres, il faut la condenser. Et c'est possible : celui qui travaille assez longtemps sur ses créations mentales pour les faire descendre dans le plan astral*, le plan des sentiments, en leur ajoutant même des particules de sa propre matière éthérique, celui-là est capable d'habiller ces formes-pensées de matière physique.

* Voir note et schéma, p. 372 et 373.

Placés dans des situations identiques, les gens ne réagissent pas tous de la même façon, combien de fois on peut le constater !

Il se produit un embouteillage dans une rue… Quelles sont les réactions des automobilistes ? L'un s'énerve, klaxonne et injurie ses voisins ; l'autre parcourt son journal ou écoute la radio ; l'autre bavarde avec son passager, ou bien l'embrasse si c'est sa bien-aimée. Enfin un autre se dit qu'il va profiter de ce moment d'arrêt pour rentrer en lui-même, se lier au Ciel et envoyer son amour et sa lumière à tous les êtres sur la terre. Évidemment, ce cas est beaucoup plus rare, mais c'est le genre d'ajustement qu'il faut faire pour se rendre maître de toutes les situations. Essayez : avec un bon raisonnement, là où les autres s'irritent, se rongent et empoisonnent la vie des gens autour d'eux, vous au contraire vous vous renforcez, vous vous enrichissez et, grâce à vos expériences, vous pouvez ensuite aider votre entourage.

C'est dans la vie collective, fraternelle, que nous sont données les meilleures conditions pour évoluer. Cela ne veut évidemment pas dire que nous devons être continuellement ensemble. Non, ce serait exagéré. Nous devons pouvoir être seul pour nous retrouver et accumuler des énergies : lire, écouter de la musique, méditer, prier…

Mais ensuite, quand nous nous sommes rechargé et que nous nous sentons riche et fort de tout ce que nous avons puisé dans la solitude et le silence, il est utile de rencontrer les autres pour leur faire partager ce que nous avons reçu. Voilà l'équilibre : satisfaire en soi une nature qui a besoin de solitude pour se régénérer, mais satisfaire aussi une autre nature qui ne peut se développer qu'en faisant des échanges avec les humains.

Demandez à quelqu'un : « Que faites-vous de votre vie ? Est-ce que vous pensez à la préserver, à la rendre plus puissante, plus riche ? » Il vous regardera étonné, car pour lui, préserver sa vie signifie uniquement ne pas aller s'exposer imprudemment aux dangers et se soigner quand il est malade. Le reste du temps, la vie lui sert à courir après les plaisirs, les acquisitions matérielles, le prestige, et surtout à gagner de l'argent pour les obtenir. Cet ignorant ne sait pas encore que le véritable argent, c'est la vie. Oui, la vie c'est de l'argent ! Et un argent qui permet d'aller faire des achats dans des magasins bien supérieurs aux magasins de la terre.

L'argent est l'expression matérielle de toutes les possibilités que nous donne la vie, oui, mais seulement l'expression matérielle. Il faut apprendre à le transposer dans les autres plans : affectif, mental, spirituel, afin d'obtenir dans ces plans-là l'équivalent de ce qu'on peut obtenir dans le plan physique.

Dans les eaux stagnantes des marécages grouillent toutes sortes de bestioles, et chacune rejette là ses déchets et ses excréments que les autres sont obligées d'absorber. Eh bien, c'est à ces marécages qu'on peut comparer l'atmosphère des villes où tellement de gens sans lumière ni conscience rejettent leurs angoisses, leurs jalousies, leurs haines et leurs désirs inassouvis. Un clairvoyant peut voir des formes noires, gluantes, qui sortent d'une quantité de créatures pour aller s'accumuler dans les couches de l'atmosphère. Mais même si on ne voit rien, comment ne pas sentir par moments sur les villes quelque chose d'épais, de lourd, de ténébreux ?

Chacun doit prendre conscience de l'existence de cette atmosphère psychique, et s'efforcer non seulement de produire moins de miasmes, mais encore travailler consciemment à purifier ses pensées et ses sentiments. Alors, comme des ondes lumineuses, ils se propageront dans l'espace et seront une bénédiction pour toute l'humanité.

La création n'est qu'une unité ininterrompue. Même si, en apparence, on voit des limites, des ruptures, nulle part il n'y a réellement de séparation absolue. Et la décomposition de la lumière par le prisme en est l'exemple le plus remarquable.

Imaginez un faisceau de lumière blanche, il représente le 1 ; en se décomposant il donne le 7, les sept couleurs. N'est-ce pas extraordinaire de voir comment de cette unité, la lumière blanche, naît une telle diversité : le violet, l'indigo, le bleu, le vert, le jaune, l'orange, le rouge ? Qu'est-ce qui peut, mieux que la lumière, représenter ce passage de l'unité à la diversité et de la diversité à l'unité ? Et maintenant, regardez ces couleurs en essayant de discerner où finit le rouge et où commence l'orange, montrez-moi où ils se séparent, où est la frontière… Vous ne la trouverez pas, il n'y en a pas. Et cet exemple de la lumière est particulièrement intéressant, car la lumière est la substance même de l'univers.

Quand quelqu'un ouvre la bouche pour donner son opinion, il est évidemment persuadé d'être dans le vrai. Mais souvent, il suffit de le voir agir pour se rendre compte du contraire. C'est le comportement d'un être qui révèle s'il est dans le vrai, non les théories et les élucubrations qu'il présente aux autres. Les humains font de la vérité une sorte d'abstraction, alors que c'est au contraire dans leurs manifestations concrètes, dans leurs agissements, qu'ils montrent s'ils s'en rapprochent ou s'en éloignent.

Il est impossible de dire ce qu'est la vérité, car elle n'existe pas en tant que telle. Elle n'existe qu'en tant que manifestation, à travers l'être humain, de la sagesse et de l'amour. Alors, il faut cesser de prétendre qu'on est dans le vrai. Il n'y a rien à prétendre : celui qui possède l'amour et la sagesse n'a pas besoin de dire quoi que ce soit, ses actes parlent pour lui.

Consciemment ou inconsciemment, dans leurs incarnations antérieures les humains ont commis certaines transgressions ; et s'ils n'ont rien fait pour les réparer, ils se trouvent maintenant dans des situations difficiles avec des dettes à payer et des affaires embrouillées à démêler. Mais le destin leur cache cela, et au moment où ils vont, par exemple, conclure une association ou un mariage, ils ne voient pas comment sont les êtres avec lesquels ils sont sur le point de se lier, ni comment ces êtres vont agir à leur égard dans telle ou telle circonstance.

S'ils étaient prévenus, il leur serait facile d'échapper aux épreuves. Mais pour qu'ils puissent payer leurs dettes, la loi de justice fait en sorte qu'ils n'aient ni réminiscence, ni prémonition ; ils sont là plongés jusqu'au cou dans une marmite, en train de cuire, et ils y resteront jusqu'au jour où ils auront compris les leçons de la Justice divine.

Soyez attentif à la façon dont vous commencez votre journée. Combien de gens se lèvent avec des grognements ou des plaintes ! Ils ne doivent pas alors s'étonner si la journée entière continue à se dérouler sur le même ton. Et le soir, quand ils se couchent, ils ne peuvent pas s'endormir : ils se tournent d'un côté et de l'autre, allument et éteignent la lampe et finissent par prendre des calmants. Pourquoi, avant de se mettre au lit, ne se sont-ils pas aussi préparés au sommeil ? La fin comme le début de la journée est un moment sacré, parce qu'elle est le commencement d'une autre activité : le sommeil.

Le disciple sait comment il doit commencer la journée s'il veut qu'elle soit fructueuse, remplie de la grâce de Dieu, et s'il veut pouvoir répandre cette grâce sur les créatures autour de lui. Et il sait également se coucher, en demandant d'aller s'instruire et travailler pour les autres dans le monde invisible. Pour toute action, toute entreprise, le commencement est le moment le plus important.

Quand vous vous promenez dans la forêt, approchez-vous d'un arbre et dites-lui : « Toi qui fais le lien entre la terre et le ciel, combien sont grandes ta beauté et ta force ! Je te demande de me donner ta résistance et ta stabilité ! Et je te charge aussi de dire à tous les autres arbres de la forêt que je les admire et que je les aime. »

Alors, les esprits qui habitent cet arbre se disent : « La majorité des humains qui visitent les forêts sont aveugles et inconscients. Mais celui-là, en entrant, a senti notre présence : c'est un ami, accueillons-le. » Et comme cela arrive très rarement, ils communiquent cette nouvelle d'arbre en arbre ; tous les esprits sortent de leur abri pour vous regarder, s'émerveiller, danser autour de vous, et vous quittez la forêt heureux et régénéré.

La matière ne cesse de tendre des pièges aux humains et elle y réussit tellement bien, que non seulement ils se détournent de toute pratique spirituelle, mais encore ils trouvent ridicules ceux qui en ont besoin, et ils tâchent même de les faire passer pour des anormaux. Comme ils ne veulent renoncer à aucune de leurs satisfactions matérielles, ils se moquent de ceux que ces satisfactions matérielles n'intéressent pas, car eux-mêmes sont incapables de percevoir tous les avantages d'une conception plus désintéressée, plus pure de la vie.

Combien de fois on l'a vu ! Les gens ont tendance à ridiculiser ou à rabaisser ce qu'ils ne comprennent pas ou qui les dépasse. Ils s'enferment dans une existence étroite, terne et pauvre, car le monde de la matière, si riche qu'il soit, est très limité et nos facultés d'en profiter le sont encore plus. Mais ceux qui s'efforcent de vivre la vie de l'esprit découvrent chaque jour, et de plus en plus, des trésors indescriptibles, des sensations inouïes.

« Que ton règne vienne » récitent les chrétiens dans le « Notre Père ». Et pourquoi, depuis deux mille ans, y a-t-il encore tellement de guerres, de famines, de misères, de malheurs ?… Parce qu'ils ne savent pas comment travailler. Ils récitent *« Que ton règne vienne »* du bout des lèvres, et ils continuent à souligner les défauts et les lacunes des uns ou des autres, la mauvaise organisation, l'argent mal utilisé… Ils ne comptent que sur des solutions matérielles, et pour les appliquer ils sont entraînés dans des affrontements perpétuels.

Celui qui désire sincèrement la venue du Royaume de Dieu doit laisser un peu de côté les méthodes humaines, les méthodes de la matière, et travailler avec les méthodes divines, les méthodes de l'esprit. Ces méthodes consistent à nourrir en soi les désirs et les sentiments les meilleurs, à ne prononcer que des paroles positives, car ces sentiments, ces désirs, ces paroles déclenchent dans le monde invisible des puissances lumineuses qui viendront aider à la réalisation de ce Royaume d'amour et de paix.

Pour avancer avec assurance sur le chemin de l'évolution, le disciple doit avoir une claire conscience des lois de la destinée, donc savoir que les épreuves qu'il aura à affronter au cours de son existence sont la conséquence des transgressions qu'il a commises dans ses précédentes incarnations. Maintenant, il doit payer, réparer et apprendre en acceptant toutes les conditions que la Justice divine a décidées pour lui. Rien ne peut contrecarrer ces décisions. S'il doit avoir un échec, une maladie ou faire une rencontre malheureuse, il n'y échappera pas.

Dans le plan physique nous ne sommes pas libres. Mais nous avons toujours la possibilité de vivre les épreuves différemment en cherchant à nous élever par la prière, la méditation. Nous établissons ainsi un lien avec le monde divin, nous travaillons à augmenter en nous la lumière, la force, la pureté, l'amour, et grâce à ces vertus nous transformons nos épreuves : nous ne pouvons pas leur échapper, mais elles nous enrichissent au lieu de nous appauvrir.

Cette entité que nous appelons notre Moi supérieur et qui est nous, une partie de nous, n'habite pourtant pas en nous. S'il habitait en nous, nous ferions des merveilles. De temps en temps, seulement, il vient et se manifeste ; de temps en temps, il prend contact avec notre cerveau. Mais comme le cerveau n'est pas encore préparé pour vibrer parfaitement à l'unisson avec lui, il ne peut pas l'accueillir et alors le Moi supérieur ne peut pas rester, il s'en va ; mais il continue à travailler sur notre cerveau et le prépare à pouvoir l'abriter un jour.

Quand notre cerveau sera prêt, notre Moi supérieur, qui n'est rien d'autre qu'une partie de Dieu Lui-même, viendra s'y installer, et alors nous comprendrons que dans les régions supérieures de notre être, nous sommes réellement un, fusionnés avec la Divinité.

À un moment ou un autre de votre vie, vous pouvez être amené à recevoir un héritage de vos parents ou de vos proches. Mais si la personne dont vous devez hériter a acquis ses biens par des moyens illicites, il est préférable de ne pas l'accepter. Pourquoi ? Parce que cette personne voudra revenir s'incarner dans votre famille. Elle vous dira : « Avec tout ce que je t'ai donné, j'ai le droit de réclamer que tu me loges. » Devant certains enfants, les parents se lamentent en se demandant d'où ils peuvent bien venir. C'est tout simplement que s'est réincarné chez eux un membre de la famille peu recommandable dont ils ont accepté avec joie l'héritage malhonnêtement acquis.

D'un être bon, vous pouvez tout accepter, et c'est même une bénédiction que de recevoir quelque chose d'un tel être. Mais il est préférable de ne rien accepter de ceux qui n'ont pas marché dans la voie du bien. Ou alors vous pouvez l'accepter, mais pas pour vous : consacrez-le à aider des personnes qui sont dans le besoin. Ainsi, non seulement vous n'aurez aucune dette à l'égard de ce parent, mais encore vous l'aidez à réparer un peu du mal qu'il a fait.

Chaque organe de notre corps ne s'occupe que d'exécuter son travail sans s'intéresser à ce que font les autres. On ne peut pas attendre d'un organe que ses préoccupations s'étendent au corps entier. C'est pourquoi, pour le bon fonctionnement de l'ensemble, l'Esprit cosmique a placé dans l'être humain une intelligence supérieure qui surveille, qui contrôle. Grâce à cette intelligence, les mouvements de chaque organe sont réglés, leur spécialisation est utilisée et dirigée pour contribuer à l'harmonie du tout.

Par sa conscience, l'être humain se trouve donc placé entre ses organes et cette intelligence qu'il a reçue du Ciel. S'il donne la préférence à certains organes, comme le ventre et le sexe par exemple, en oubliant l'intérêt de l'ensemble, l'anarchie s'installe en lui, et il périclite. Mais s'il donne la priorité à cette intelligence qui gouverne, qui équilibre, il ressentira un état d'unité, d'harmonie qui fera de lui un véritable créateur.

Quand je dois vous éclairer sur un point important de la vie spirituelle, je m'appuie très souvent sur la Bible, sur les Évangiles surtout. Mais, en réalité, je n'accorde pas à la lettre de ces textes une valeur absolue.

Pour prendre une image, je vous dirai que je lis la Bible comme je contemple le ciel étoilé. Car le ciel étoilé est un livre, un livre qui ne s'adresse pas uniquement à notre intellect, mais aussi à notre âme et à notre esprit. Nous nous éclairons à une lumière qui nous dépasse et cette lumière oriente nos pensées, nos sentiments, nos actes. Celui qui s'habitue à regarder les étoiles avec amour, en méditant sur l'harmonie cosmique, sur ces lumières qui viennent de si loin dans l'espace et dans le temps, parcourt par la pensée les régions spirituelles qui sont aussi en lui. C'est ainsi que je lis les Livres sacrés, et en particulier la Bible, comme si je m'approchais d'un ciel dont les astres illuminent et imprègnent toute ma vie.

Vous devez, évidemment, subvenir à vos besoins et à ceux de votre famille, mais efforcez-vous de ne pas faire de ces préoccupations un but en soi. Prenez chacune de vos activités comme une occasion de développer des facultés psychiques, spirituelles, qui sont les seules acquisitions que vous conserverez pendant l'éternité. Un jour tout ce que vous avez amassé finit par vous quitter et vous vous retrouvez nu, dépouillé de tout. Même le savoir que vous avez reçu, vous le perdrez, et quand vous reviendrez sur la terre, vous devrez tout recommencer, parce que ces richesses ne vous appartenaient pas ; ce n'étaient pas vos expériences personnelles, mais quelque chose que d'autres personnes vous avaient donné ou que vous leur aviez pris.

C'est seulement ce que vous avez vous-même goûté, vérifié, expérimenté, approfondi, vécu, que vous pourrez conserver et, dans la prochaine incarnation, c'est avec ce savoir, et ce savoir seul, que vous reviendrez.

Il n'est pas interdit de chercher le bonheur sur la terre. Mais n'oubliez jamais que la terre est une école et, comme dans une école, vous n'y trouverez que des leçons... Oui, et les leçons viennent de tous les côtés ! Tant que vous n'aurez pas compris cela, vous serez harcelé par la destinée et vous souffrirez.

Le monde invisible envoie aux humains des sages, des instructeurs pour faciliter leur apprentissage, et s'ils ne veulent pas accepter leur enseignement, ils trouveront d'autres instructeurs : les échecs, les maladies, la misère... et ceux-là sont implacables. Si vous ne voulez pas recevoir les leçons terribles de ces instructeurs-là, acceptez les leçons de votre Maître, qui veut vous aider, vous protéger, c'est plus raisonnable. Quand on n'a pas accepté spontanément d'apprendre les lois divines, on est obligé de les apprendre à coups de baguette.

Quoi qu'en disent la morale et la religion, il est impossible de s'oublier pour ne penser qu'aux autres. Ce qu'il faut, c'est penser à soi d'une façon nouvelle, jusqu'à ce que cette pensée prenne une forme aussi désintéressée, aussi généreuse que le soleil.

Oui, posez la question au soleil : « Ô toi qui éclaires toutes les créatures, qui les chauffes, les vivifies, est-ce que tu ne penses vraiment qu'à elles ? » Et il vous répondra : « Pas du tout ! Si je distribue mes bénédictions à toutes les créatures, c'est pour moi que je le fais : parce que ça me donne de la joie. Et je ne me demande pas sans arrêt si elles méritent tout ce que je leur donne ; ça m'est égal, je les laisse tranquilles et libres. Si je continue à les éclairer, à les chauffer, c'est que ça me fait plaisir à moi. » Donc, vous voyez, même le soleil est d'accord pour penser qu'il faut s'occuper des autres, oui, mais pour son propre avancement, pour sa propre joie.

La présence d'un être ou d'une chose suppose l'absence de son contraire. C'est une observation tellement simple, tellement évidente ! Là où la santé est absente, c'est la maladie qui est présente. Là où la lumière est absente, c'est l'obscurité qui est présente. Là où la sagesse est absente, c'est la stupidité et la folie qui sont présentes. Et de même pour tout le reste...

Ces observations que vous faites sur des faits, des événements qui se produisent devant vous, vous devez pouvoir les transposer dans votre vie intérieure afin d'aller plus loin dans votre compréhension. Donc, si je vous dis que la meilleure activité pour le disciple, c'est de travailler à attirer la présence du Seigneur en lui-même et la conserver, vous comprendrez que cette présence qui est la lumière, la pureté, la beauté, chassera toutes les ténèbres, les impuretés, les laideurs. Évidemment, le Seigneur ne viendra peut-être pas en personne, mais Il enverra au moins ses anges : ils sont ses représentants et ils viendront habiter en vous pour tout transformer.

Parce que le disciple est d'abord comme un très jeune enfant que sa mère doit nourrir, protéger, caresser, le Maître commence par lui donner des encouragements, de la tendresse. Ensuite, quand il grandit et qu'il est déjà plus solide sur ses jambes, le Maître commence à l'éduquer : il lui dit quelques vérités que le disciple a besoin d'entendre ; il entreprend ainsi de le tailler, de le sculpter, de le modeler, ou, si vous préférez une autre image, de lui administrer un traitement, avec quelques piqûres et quelques petites opérations chirurgicales. Eh oui, c'est ça, les vérités : des ajustements, des secousses ou des opérations... Pour certains ces vérités sont très difficiles à entendre et à supporter ; mais pour le disciple qui a décidé d'évoluer, d'avancer, elles sont magnifiques, parce qu'il voit enfin ce qui l'entrave, le retient prisonnier ou lui fait commettre des erreurs.

Seuls ceux qui sont vraiment touchés par la grâce de Dieu demandent que leur Maître leur dise la vérité, même si c'est douloureux.

Dans la nature tout est là pour nous instruire et nous faire réfléchir. Prenez un fruit, une pêche, par exemple : elle est faite d'une peau, d'une chair et d'un noyau. La peau est une enveloppe protectrice, elle correspond au plan physique ; la chair que l'on mange et qui contient la vie correspond au plan psychique (l'âme) ; et enfin le noyau que l'on plante pour faire pousser d'autres arbres correspond au plan divin (l'esprit).

Dans un autre ordre d'idées, ces trois éléments du fruit correspondent aux trois vertus fondamentales que sont la sagesse, l'amour et la vérité. La peau du fruit est la sagesse : elle le délimite, le protège, l'enveloppe, le préserve. La chair du fruit, c'est l'amour qui s'offre pour nourrir les créatures. Enfin, le noyau représente la vérité. Le noyau, c'est ce que l'on plante pour donner naissance à un nouvel arbre, et seul ce qui est vrai est capable de perpétuer la vie.

Quand les hommes et les femmes chantent ensemble, leurs voix s'élèvent et se fusionnent au-dessus de leurs têtes, où elles se donnent les unes aux autres des éléments d'une extrême subtilité.

La voix est imprégnée de la vitalité des êtres, de leur parfum, de leur magnétisme. Ils sont liés à elle comme à un petit cerf-volant qu'ils tiendraient au bout d'un long fil. Et quand ils chantent ensemble, leur voix les quitte et part à la rencontre d'autres voix pour se fusionner avec elles, et elle leur revient ensuite amplifiée, enrichie de tout ce qu'elle a reçu dans cette fusion. Donc, par le chant, les deux principes masculin et féminin font tout d'abord un travail en haut, dans les plans subtils ; et ensuite, ce qu'ils ont créé ainsi leur revient à travers leurs oreilles, et ils bénéficient tous d'un échange chaste et divin.

La terre, l’eau, l’air, le feu, les quatre éléments sont gouvernés par des Anges, serviteurs de Dieu. C’est pourquoi nous pouvons demander au Seigneur de nous envoyer ces Anges afin qu’ils nous aident dans notre travail spirituel. Voici cette prière :

« Seigneur Dieu tout-puissant, Créateur du ciel et de la terre, Maître de l’univers, envoie-moi tes serviteurs, les Anges de la terre, de l’eau, de l’air et du feu, pour que je puisse travailler avec eux à la venue de ton Royaume et de ta Justice.

Que l’Ange de la terre absorbe les souillures de mon corps physique, afin que je devienne capable de réaliser ta volonté et d’exprimer ta splendeur !

Que l’Ange de l’eau lave mon cœur de toutes ses impuretés, afin qu’il devienne le réceptacle de ton amour infini !

Que l’Ange de l’air purifie mon intellect, afin qu’il brille de ta lumière et de ta sagesse !

Enfin, envoie-moi, Seigneur, l’Ange du feu, qu’il sanctifie mon âme et mon esprit, afin qu’ils deviennent les demeures de ta vérité ! »

« Vous êtes le sel de la terre, a dit Jésus, *mais si le sel perd sa saveur... il ne sert plus qu'à être jeté dehors et foulé aux pieds. »*

Le sel vient de la mer, aussi est-il lié au mystère de nos origines. Notre organisme a absolument besoin de sel et beaucoup de nourritures nous paraissent insipides si nous ne leur ajoutons pas un peu de sel. C'est donc comme si Jésus nous disait : « Grâce à vous, la terre prendra de la saveur. Vous conserverez tout ce qui est bon et beau et vous donnerez un sens à la vie. Car c'est cela, le sens : une saveur. Vous êtes porteurs du sens de la vie et avec vous tout prendra un sens dans le monde. Ne vous mettez donc pas dans des situations où vous perdrez cette qualité du sel, sinon, vous serez broyés par les événements. » Des philosophes font d'interminables dissertations sur le sens de la vie. En réalité, c'est très simple : le sens de la vie est dans le goût que nous trouvons aux choses, et c'est l'esprit, oui, l'esprit en nous qui leur donne ce goût.

Il est intéressant de constater les réactions que les mots « prendre » et « donner » inspirent aux humains. On raconte qu'un vieil avare était tombé dans un puits. Un voisin, entendant ses cris, s'approche et l'interpelle : « Mon pauvre vieux, comment t'y es-tu pris pour tomber dans ce puits ?... Donne-moi ta main pour que je te tire de là ! » Mais comme le mot « donner » était celui qui sonnait le plus désagréablement à l'oreille du vieil avare, il ne bougea pas. Le voisin, qui le connaissait bien, comprit : « Tu ne veux pas me donner ta main ? Bon, prends la mienne. » Aussitôt l'avare s'en saisit. Le geste à faire était le même, mais le mot « prendre » était beaucoup plus agréable à entendre !

Cet avare qui est tombé dans un puits est à l'image de l'humanité tout entière, qui ne comprend que le mot prendre ! Vous direz qu'il faut bien prendre pour se nourrir. Oui, prendre et donner sont indispensables pour la vie. Mais il faut savoir où, à qui, comment et combien prendre, ainsi que où, à qui, comment et combien donner.

Les chrétiens font des pèlerinages en Terre Sainte sur les lieux où Jésus est né, a prêché et fait des miracles. Mais même s'il subsiste encore quelques pierres, l'esprit de Jésus n'y est plus. Depuis des siècles, trop de personnes sont passées par là avec des sentiments et des pensées qui n'étaient ni éclairés, ni purs. Vous direz que depuis le Moyen Âge la chrétienté s'est préoccupée de protéger les lieux saints. Oui, en menant des luttes contre les « infidèles », en massacrant, en pillant. Voilà de drôles de méthodes pour conserver les traces du passage de Jésus !

Si on veut conserver les empreintes laissées par les êtres spirituels, il faut respecter les endroits où elles se trouvent. Et il ne suffit pas d'avoir extérieurement une certaine attitude, ne pas crier, rire ou plaisanter… L'attitude intérieure est également importante, les pensées, les sentiments, car c'est eux surtout qui laissent des traces. Trop de gens qui ont foulé cette terre de Palestine n'étaient pas inspirés par des vertus christiques, et l'esprit de Jésus a quitté ces lieux.

À la suite d'une déception, d'un chagrin, d'un échec, certaines personnes se laissent peu à peu submerger jusqu'à devenir réellement malades. Elles auraient très bien pu ne pas en arriver là, mais à condition de réagir immédiatement. Or, la plupart des gens ne réagissent pas ; ils attendent que « ça passe tout seul ». C'est vrai, la plupart du temps la vie reprend naturellement le dessus, mais dans certaines situations plus difficiles, si l'on n'est pas vigilant, ça ne s'arrange pas.

Vous devez donc devenir conscient des pensées, des sentiments, des sensations qui vous traversent et ne pas accepter que s'installent en vous des états négatifs. Dès que vous ressentez un malaise intérieur, réagissez. Souvent, un petit geste suffit : arroser des fleurs, sourire à quelqu'un, lui dire une bonne parole, lui apporter un objet dont il a besoin ou qui lui fera plaisir. Mais à condition de faire ce geste consciemment, avec la volonté de donner une autre orientation à vos états intérieurs.

L'intellect et le cœur sont des facultés complémentaires. L'intellect possède la lumière, et il peut donc observer, étudier, avertir… Tandis que le cœur, qui possède la chaleur, donne l'élan pour agir et faire avancer les choses.

L'image du bateau peut vous donner schématiquement une idée de ces fonctions complémentaires de l'intellect et du cœur. En haut, sur le pont, disons qu'il y a le capitaine ; c'est lui qui voit, qui indique la direction, qui donne des ordres. En bas, dans les cales, se trouvent les machinistes ; ils ne voient rien, mais ce sont eux qui s'occupent de la propulsion, et s'ils ne veulent pas obéir, le bateau n'avance pas. Pour que le bateau avance en sécurité et sur la bonne route, il faut que tous s'unissent : le capitaine et les machinistes. Tels sont également la nature et le rôle de l'intellect et du cœur. L'intellect est supérieur pour la vision, et le cœur est supérieur pour l'impulsion.

Les chrétiens peuvent-ils réellement avoir une bonne compréhension de la vie spirituelle en croyant que c'est par le pain et le vin de la communion qu'ils toucheront la Divinité ? La Divinité ne se laisse pas enfermer dans des nourritures matérielles pour être absorbée à un moment précis d'un office religieux. Et en même temps c'est limiter le sens de la communion que de prétendre qu'elle ne peut se célébrer qu'à ce moment-là. Il faut désormais donner à cet acte un sens plus large, plus vaste.

La communion est la condition même de la vie. C'est donc chaque jour, à chaque repas, que nous pouvons communier à travers la nourriture. Bien que matériels, tous les éléments que nous prenons sont imprégnés de la vie du Créateur, et nous pouvons par un travail de la pensée, de la conscience, apprendre à en retirer les éléments plus subtils pour nourrir aussi notre âme et notre esprit. C'est cela la véritable communion.

Le soleil est pour nous la meilleure représentation de Dieu, mais pour vous pénétrer de cette vérité, vous avez tout un travail intérieur à réaliser avec son image. Car vous pouvez regarder le soleil pendant des années, tant que vous ne sentez pas qu'il vibre, qu'il rayonne, qu'il palpite en vous, il vous restera étranger, il ne vous adressera pas la parole, cela ne servira même à rien d'aller le saluer le matin à son lever. Vous serez un peu réchauffé, un peu vivifié, vous recevrez quelques calories, quelques « vitamines », et c'est tout.

À travers le soleil physique vous devez vous efforcer de trouver ce soleil intérieur qui est le signe que la Divinité habite en vous. Et c'est ainsi qu'un jour vous n'aurez besoin d'aucun intermédiaire entre vous et Dieu, pas même du soleil, c'est en vous, dans votre soleil intérieur, que vous Le trouverez.

La grande diversité des situations que l'on constate parmi les humains vient de ce qu'ils ne se trouvent pas placés dans les mêmes conditions d'évolution. Certains ne sont venus sur la terre que pour résoudre des problèmes purement matériels : ils doivent lutter pour se nourrir, se vêtir, avoir un logement, de l'argent. D'autres se trouvent parfaitement bien dans le plan matériel, mais ils ont des difficultés dans le domaine des sentiments : ils rencontrent en eux-mêmes la jalousie, les soupçons, des goûts dépravés, et c'est là qu'ils doivent faire des efforts. D'autres encore ont des difficultés dans le domaine mental : ils manquent de discernement, de lucidité, et il faut qu'ils apprennent comment se diriger.

Chacun est donc mis dans l'obligation de se perfectionner dans un domaine particulier. Il arrive aussi que certains aient à travailler dans tous les domaines à la fois ; c'est le cas des êtres qui sont encore très bas dans l'échelle de l'évolution ou, au contraire, de ceux qui sont très évolués, très doués.

Les musiciens d'un orchestre ont chacun leur partition et se concentrent sur elle, ils n'ont pas besoin d'avoir sous les yeux les partitions des autres musiciens. Mais face à l'orchestre, il y a le chef qui connaît, lui, toutes les partitions et qui veille à ce que chacun se fasse entendre au moment voulu, respecte la mesure, les nuances, etc. Sinon, quelle que soit la beauté des phrases musicales que chacun joue individuellement, ce sera une cacophonie épouvantable.

Or, que se passe-t-il dans la vie ? On rencontre partout des gens capables dans leur profession – disons qu'ils savent jouer leur partition – mais qui n'ont pas de vue d'ensemble. C'est déjà bien, évidemment, qu'ils soient au point dans leur spécialité ; mais dans la mesure où ils se limitent aux points de vue que leur inspire leur position individuelle, ils ne peuvent pas prendre de bonnes décisions pour la collectivité. Chacun doit donc acquérir la conscience du chef d'orchestre, c'est-à-dire se hisser jusqu'à ce point où il aura une bonne vue de l'ensemble, afin d'agir correctement dans toutes les circonstances.

Dans les siècles passés, l'honneur des hommes et des femmes était avant tout fondé sur des valeurs sociales, donc extérieures. Un mot, un geste malheureux obligeait immédiatement les nobles à se battre en duel. Que cette coutume et cette façon de voir les choses aient obligé les hommes à faire acte de courage, c'est certain. Mais du point de vue moral et spirituel, cette conception de l'honneur est déplorable, car elle ne développe pas réellement la noblesse et le courage, mais sert avant tout à sauver le prestige social qui n'est en réalité que peu de chose.

La véritable noblesse consiste à chercher des solutions plus intelligentes, en ayant recours à la conciliation. Mais cela nécessite d'abord tout un travail intérieur : celui qui est offensé doit comprendre qu'aucune méchanceté, aucune accusation ne peut le diminuer aux yeux de Dieu ; s'il est innocent, ni accusations ni calomnies ne changent en rien ce qu'il représente pour les anges et pour Dieu Lui-même.

Notre peau n'est pas seulement l'enveloppe de notre corps, elle possède de véritables radars, de véritables antennes grâce auxquels nous absorbons et émettons des fluides. C'est pourquoi la pratique de la nudité est répandue parmi les magiciens et les sorciers. Pour faire leurs conjurations certains se mettent nus, afin de capter les influences des esprits invisibles, et eux-mêmes projettent des forces qui partent agir sur les êtres et les choses.

Il existe aussi des substances qui, si on s'en enduit la peau, produisent de puissants effets sur le système nerveux au point de provoquer le dédoublement. Ainsi beaucoup de « sorcières » qui prétendent avoir assisté au sabbat n'ont fait en réalité que s'enduire le corps de ces substances. Ces femmes sont en effet allées au sabbat, mais pas avec leur corps physique, elles y sont allées dans leur corps astral. Vous devez connaître ces phénomènes, non pour vous lancer dans des expériences risquées, mais pour vous donner le désir d'apprendre comment à travers votre peau communier avec les forces lumineuses de la nature afin de vous améliorer.

Sur le chemin spirituel où vous avez décidé de marcher, vous rencontrerez toujours des gens pour dresser des obstacles devant vous ou vouloir vous arrêter dans votre élan. Et c'est normal, ils sont incapables de comprendre tout ce que vous nourrissez de généreux, de lumineux dans votre cœur et dans votre âme. Mais au lieu de vous décourager, d'arrêter votre travail, ou de ruminer contre ces personnes, vous devez redoubler d'efforts. Pensez que vous êtes plein de ressources, que le Ciel a déposé en vous toutes sortes de possibilités : des facultés, des énergies, et qu'il dépend donc de vous de tenir bon et de poursuivre votre tâche.

Pourquoi sacrifier votre évolution, votre enrichissement intérieur au jugement et à la malveillance de certains ? Que sont-ils pour que vous acceptiez de vous incliner devant eux ? Continuez à travailler et ils seront obligés de reconnaître un jour que c'est vous qui êtes sur le bon chemin.

Chaque geste que vous imprégnez d'une idée divine s'inscrit dans les archives de votre conscience supérieure, d'où jailliront ensuite des énergies bénéfiques. Oui, aussi modeste soit-elle, chaque tâche que vous entreprenez avec la conviction de participer au bon ordre des choses, à l'harmonie sur la terre et dans le Ciel, vous renforce.

Même dans la vie quotidienne, ce qui affaiblit les humains, c'est qu'ils ne savent pas dans quel état d'esprit s'acquitter de certaines tâches. Ou ce qu'ils ont à faire ne leur plaît pas et ils le font en grognant, ou ils pensent que d'autres devraient s'en charger à leur place et qu'on abuse d'eux, etc. Dans ces conditions, évidemment, la moindre obligation devient un fardeau insupportable. Mais mettez-vous à l'ouvrage avec la conviction que vous contribuez au bon fonctionnement d'un ensemble auquel vous appartenez, et observez-vous : vous pourrez continuer longtemps sans être fatigué.

Combien de garçons et de filles prennent soudain, sur un coup de tête, la décision de partir dans des endroits perdus de la planète. S'ils vont là-bas pour étudier ou pour instruire et soigner les populations, les difficultés qu'ils rencontreront nécessairement seront pour eux une source d'enrichissement. Sinon…

On peut aller n'importe où, mais à condition d'avoir un but précis. Quand vous faites un projet pour une raison bien déterminée, il se produit une communication entre vous et le projet sur lequel votre pensée est fixée, et tout s'arrange pour que vous puissiez trouver ce que vous cherchez. C'est une loi. C'est pourquoi, lorsqu'on se lance dans des aventures sans but précis, pour changer d'air, on s'expose à tous les dangers et on revient très déçu, ou même on ne revient pas. Veillez donc à ce que tout soit clair et précis dans votre tête ou dans votre âme, et toutes les lois de l'univers vous aideront dans la réalisation de vos projets.

4 Septembre

Combien les humains se trompent en croyant que si personne n'est physiquement présent à côté d'eux, ils sont réellement seuls ! Ils ne sentent pas toutes les créatures du monde invisible qui les entourent ? La nature de ces présences dépend évidemment de leur état intérieur. Des anges, des entités lumineuses peuvent venir les visiter ; ou bien alors, ce sont des créatures ténébreuses du monde astral qui rôdent autour d'eux, cherchant à se nourrir des émanations que produisent leurs états passionnels.

Quand les humains se laissent aller aux instincts, aux plaisirs grossiers, sans s'en rendre compte ils ouvrent leurs portes à des entités mauvaises qui viennent profiter de toutes ces énergies qu'ils dégagent pour en faire des festins. Et c'est cela l'Enfer : l'état de ceux qui se laissent envahir par des entités ténébreuses parce qu'ils leur donnent de la nourriture. Tous les êtres instinctifs, passionnels, alimentent et renforcent ces entités. Pour leur échapper, vous devez chaque jour consacrer à Dieu votre corps, votre temps et toutes vos activités.

Quelle différence y a-t-il entre le verbe et la parole ? Dans un sens très large, on peut comprendre le verbe comme la synthèse de toutes les expressions de la vie intérieure de l'être humain, c'est-à-dire la synthèse des émanations produites par ses pensées et ses sentiments. En ce sens, on est obligé d'admettre que le verbe s'oppose souvent à la parole. Par exemple, un homme déteste son voisin, mais pour endormir sa méfiance pendant qu'il médite sa ruine, il l'assure chaque jour de son amitié, et le pauvre malheureux se laisse prendre.

Combien de fois aussi, au lieu d'être le reflet fidèle de la réalité des faits, la parole n'est utilisée que pour éveiller chez les gens certaines réactions : la méfiance, la haine, la révolte, que celui qui parle a intérêt à susciter ! Évidemment, on pourrait objecter que la parole conserve ainsi la plupart du temps son rôle magique, c'est-à-dire celui de transformer la réalité. Oui, mais le pouvoir magique de la parole ne doit être toujours utilisé que pour le bien.

Quand vous vous sentez mal disposé, irrité, chagriné, restez chez vous tranquille, faites un travail avec la lumière, priez, méditez, chantez, écoutez de la musique… Ou alors, sortez pour marcher un peu dans la nature, respirez profondément en vous liant à la terre, aux arbres, au ciel… Et ne vous présentez chez vos parents et vos amis que lorsque vous vous sentez dégagé et capable de leur apporter quelque chose de bon, de lumineux, de constructif.

Observez-vous, et vous constaterez que c'est souvent le contraire que vous faites : quand ça va mal, vous vous précipitcz chez les gens pour leur faire partager vos soucis et vos chagrins, et quand ça va bien, vous n'avez rien à leur dire. Oui, ça c'cst extraordinaire : quand tout va bien, on n'a rien à raconter ! Ne pensez-vous pas qu'il y a là quelque chose à corriger et que vous devriez apprendre à ne partager avec l'entourage que vos bons états ?

À quoi peut-on comparer la force sexuelle ? À une sève brute qui s'élabore dans les cellules et qui se distribue dans tout l'organisme sous forme de vitalité dans le plan physique, d'amour et de joie dans le cœur, de lumière et de sagesse dans le cerveau. Elle peut être aussi comparée à un torrent sauvage et tumultueux. Et ce torrent, les sages ne se laissent pas emporter par lui, ils ne le laissent pas inonder les villages et les villes en eux et noyer leurs habitants ; ils installent des canaux d'irrigation et ils récoltent les fruits qu'a produits cette force harmonieusement répartie.

Plus l'homme est raisonnable dans l'utilisation de la force sexuelle, plus il acquiert de richesses spirituelles.

Apprenez à recevoir la lumière du soleil comme vous recevez l'air, l'eau et la nourriture. Tournez votre attention vers ses rayons et dites-leur : « Ô rayons lumineux, chassez de moi ces nuages que seule votre lumière est capable de dissiper. » La lumière pénétrera alors en vous par de tout petits canaux et elle communiquera à tout votre être des vibrations subtiles et harmonieuses.

Bien sûr, il est dans la nature de la lumière de faire ce travail sur nous, même en dehors de notre conscience. Mais si nous sommes attentifs et pleins de bonne volonté pour participer à ce travail, les résultats seront encore meilleurs. En regardant le lever du soleil, ayez donc cette conviction que quelque chose de bon et de bien croît et grandit en vous : vous sentirez dans tout votre être vibrer des forces nouvelles.

Pourquoi devez-vous toujours vous surveiller ? Parce que vous êtes habité par tout un peuple de cellules qui reproduit vos attitudes, votre comportement. Si vous vous permettez des transgressions, ce peuple en prend note, et il vous imite. Alors, quand vous ressentez ensuite des tiraillements, des chocs, vous ne devez pas vous étonner. C'est vous qui, par votre exemple, avez mal éduqué vos cellules et beaucoup de désordres en vous sont la conséquence de cette mauvaise éducation.

Vous travaillez en bougonnant, vous bousculez les chaises, vous fermez les portes d'un coup de pied, vous heurtez les meubles, vous jetez les objets… Eh bien, cela se reflète en vous et vos cellules font la même chose : elles bougonnent, elles s'énervent, elles donnent des coups. Vous criez : « Aïe aïe aïe, qu'est-ce qui se passe ? » C'est simplement quelques cellules qui donnent des coups de pied : elles vous ont imité !

Jésus disait : *« Celui qui croit en moi fera aussi les œuvres que je fais et il en fera même de plus grandes »*... S'il avait été Dieu Lui-même, pensez-vous qu'il aurait pu dire aux humains qu'ils feraient des œuvres plus grandes que celles de Dieu ?... Comment se fait-il que cette phrase n'ait pas été supprimée des Évangiles ? Si on voulait réellement maintenir cette croyance en Jésus « fils unique de Dieu », donc Dieu Lui-même, il fallait la supprimer !

Par ses paroles, par son exemple, Jésus est venu faire prendre conscience aux hommes de leur filiation divine. Mais comment l'Église veut-elle qu'ils s'inspirent de cet exemple, puisqu'en leur disant qu'il est Dieu, elle a créé entre eux et lui une distance incommensurable ? Elle avait la tâche d'éclairer l'enseignement de Jésus en montrant que l'humain n'existe que parce qu'il est habité par le divin et que sa vocation est de se rapprocher de plus en plus de ce divin qu'il porte en lui.

L'instinct est cette façon toute naturelle, spontanée de réagir, que nous possédons en commun avec l'animal, et on doit reconnaître que dans certaines circonstances il est un bon guide. Quand les humains en étaient encore à un stade très primitif, proche des animaux, c'était même leur seul guide. Mais maintenant que, grâce au développement du cerveau, ils ont atteint un niveau beaucoup plus élevé, ils ont commencé à avoir d'autres guides : la raison, l'intelligence, et ils doivent les suivre. Ainsi, ce qui était bon dans le passé se révèle inadapté dans le présent.

Prenons l'exemple de la peur : pour les animaux, la peur est un très bon guide, indispensable même, c'est elle qui les sauve, c'est par elle qu'ils s'instruisent. Mais l'homme, lui, doit au contraire s'efforcer de vaincre la peur. Et le rôle de l'Initiation est de lui en donner les méthodes, jusqu'à ce qu'il apprenne à vaincre la peur de la mort. Comment ? Par la connaissance et par l'amour.

Beaucoup de pessimistes se prennent pour de grands philosophes, et ce qui est extraordinaire, c'est qu'ils arrivent à en persuader les autres. En réalité ce sont de grands ambitieux qui désirent des choses impossibles et qui, ne pouvant les réaliser, tombent dans la tristesse et la misanthropie. De là ils tirent une conception désabusée de la vie et des humains, et ils vont l'étaler partout s'imaginant qu'ils font preuve d'une grande profondeur et d'une grande lucidité. Pas du tout, et c'est même le contraire : leur vue est complètement brouillée par leurs humeurs noires.

Il est permis de s'attrister, mais seulement à cause des difficultés ou des malheurs des autres, pas à cause de ses désirs et de ses ambitions inassouvis. Que celui qui tombe fréquemment dans cet état sache qu'il n'est pas très évolué, car ce pessimisme lui est généralement inspiré par sa nature inférieure. Alors, qu'il fasse tous ses efforts pour se sortir de là, sinon il ne connaîtra jamais la vraie vie.

Il ne suffit pas de dire : « Je suis libre », pour l'être réellement. La liberté dépend du degré d'évolution. C'est pourquoi pour l'être humain comme pour n'importe quelle créature, la liberté absolue n'existe pas. Seul Dieu, le Créateur, est véritablement libre. Même les Anges et les Archanges, même les Chérubins et les Séraphins ne sont pas absolument libres. Tous les êtres créés, les Anges comme les hommes, sont dépendants du Créateur et ne sont libres qu'en considération du niveau où ils se situent dans l'immense hiérarchie des êtres.

Pour conquérir notre liberté, nous n'avons pas d'autre moyen que de reprendre le chemin vers le haut. Comment ? En nous appliquant à accomplir la volonté du Créateur. La liberté n'existe que dans la soumission à Dieu. Quand nous accomplissons sa volonté, Dieu se manifeste en nous, et c'est parce qu'Il est libre que nous nous sentons libres aussi, à cause de sa présence en nous : nous sommes libres de sa liberté.

Même devant des vérités qui devraient au moins les amener à réfléchir, beaucoup de gens disent : « Ah non, moi je ne crois pas. » Et ils se prononcent comme s’ils avaient approfondi tous les secrets de l’univers et résolu tous leurs problèmes… alors qu’en réalité ils sont tellement désorientés, vulnérables !

Un être vraiment raisonnable ne dit jamais : « Je crois » ou « Je ne crois pas. » Il réfléchit, il vérifie, il expérimente longtemps les choses, et à la fin il peut dire non pas « je crois » mais « je sais ». S’en tenir toujours à la croyance prouve qu’on ne sait pas grand-chose. On croit, on croit… et Dieu sait seulement les raisons pour lesquelles on a telle croyance plutôt que telle autre. Qu’au moins une fois chacun se dise : « Mais qu’cst-ce que je suis, moi, pour me prononcer ? Désormais j’étudierai. » Celui qui veut évoluer doit d’abord renoncer à se prononcer sur tout ce qu’il ne connaît pas vraiment.

Ceux qui prétendent que l'on peut devenir un Initié, un Maître en quelques mois, ou même en quelques années, non seulement se trompent, mais ils trompent aussi les autres. La connaissance de quelques pratiques spirituelles ne suffit pas pour devenir un Maître capable d'instruire des disciples. Pour être capable de guider les autres dans la voie spirituelle, il faut avoir étudié et s'être exercé très longtemps, sinon on va au-devant de catastrophes et pour soi-même et pour les autres.

Bien sûr, quel que soit le niveau où l'on est arrivé, on peut communiquer ce que l'on sait déjà. Mais ce qu'on ne doit jamais faire, c'est enseigner ce qu'on ne sait pas et qu'on n'est pas capable de réaliser. Car un aveugle qui veut conduire d'autres aveugles les entraîne avec lui dans les précipices, on a souvent vu cela. Alors, ne vous leurrez pas, le chemin de l'Initiation est très long et très difficile.

En instituant l'école obligatoire pour les enfants, on a certainement fait beaucoup pour l'évolution des humains. Mais l'exercice des facultés intellectuelles est très insuffisant s'il ne s'accompagne pas du développement des qualités morales. Et les qualités morales ne se développent que lorsqu'on apprend à vivre en collectivité, fraternellement. Malheureusement, les mots collectivité, fraternité, ne disent pas grand-chose aux humains, car ils sentent qu'ils seront là obligés à faire des efforts, à être plus ouverts, plus patients, mais aussi plus perspicaces et plus intelligents, ce qui est plus difficile que de s'instruire dans les livres.

Avec le temps les humains seront obligés de comprendre le rôle bénéfique que joue l'idée d'une famille universelle et ils la souhaiteront. Depuis quelques années, déjà, certains dirigeants politiques commencent à reprendre cette idée, car ils s'aperçoivent que seule une fraternité universelle peut sauver l'humanité de l'abîme vers lequel elle est en train de se précipiter. Oui, dans la crainte d'une destruction mondiale, tous seront bientôt obligés de marcher dans le sens de la fraternité.

Certains êtres qui ont des dons de médiumnité, de clairvoyance, prétendent capter des messages du monde invisible. Mais ce qu'ils appellent « messages » sont faits le plus souvent d'éléments disparates, aussi faut-il les considérer avec prudence et même avec méfiance.

Le monde invisible comprend deux régions (disons deux pour simplifier) : inférieure et supérieure. Il n'est donc pas uniquement peuplé d'entités bonnes et lumineuses remplies de bienveillance pour les humains ; d'autres entités l'habitent aussi, des entités ténébreuses dont le plus grand plaisir est de se jouer d'eux. Seules la pureté, la noblesse, l'harmonie qui émanent d'un être peuvent témoigner de l'authenticité des messages qu'il reçoit. Bien sûr, la médiumnité est une faculté qu'on doit apprécier, car elle n'est pas donnée à tout le monde ; mais pour être exercée correctement elle exige une grande discipline de vie.

Celui qui pénètre les mystères du nombre 1, ou de la lettre Aleph (qui, en hébreu, correspond au nombre 1), comprend tous les autres nombres, toutes les autres lettres, c'est-à-dire toutes les autres puissances qui agissent dans l'univers. Car c'est dans l'unité que tout est inclus, tout est compris, tout est résolu. Parce que le Verbe divin – qui comprend à la fois les lettres et les nombres – est une substance ininterrompue ; en lui rien n'est séparé, ni morcelé, tout est lié, chaque élément fait partie d'une unité grandiose. Voilà pourquoi celui qui veut vraiment avancer sur le chemin de l'Initiation doit se concentrer sur l'unité.

Qu'est-ce que le nombre 1 ? Graphiquement, une simple ligne, dressée, toute nue : 1. Quand on le regarde, on n'y voit rien de tellement significatif, mais voilà que c'est ce 1 justement qui est le principe dynamique créateur, la source de la vie et la condition de sa conservation.

Traditionnellement on représente le mage avec une baguette dans la main droite. Cette baguette a pour fonction d'établir un contact entre le haut et le bas ; et c'est-à-dire aussi entre le monde psychique et le monde physique, afin de permettre à une idée, une volonté, une image de se concrétiser, de se réaliser dans la matière.

Quand Jésus dit dans le « Notre Père » : *« Que ta volonté soit faite sur la terre comme au ciel »,* il accomplit un acte magique, puisque par ses paroles il crée déjà un lien entre le haut et le bas. Et il demande à tous les hommes d'avoir eux aussi une fonction magique : attirer la pureté, la lumière, l'harmonie du monde céleste pour que la terre devienne un reflet du Ciel. Le seul moyen de réaliser cet idéal est de maintenir sans arrêt, de tout son être, le contact avec le Ciel, afin de faire circuler le courant. La baguette magique est donc comme une prise électrique que chacun doit d'abord brancher sur le Ciel pour pouvoir agir sur la terre selon les lois du bien.

De la même façon que nous ressentons et exprimons des sentiments et des désirs, nous recevons aussi les sentiments et les désirs ressentis et exprimés par les autres. Ce sont comme des nourritures que nous absorbons et certaines sont de véritables poisons. Il est possible de les rendre inoffensifs en les transformant, mais il faut avoir fait un grand travail sur soi-même pour supporter de voir et d'entendre, sans se laisser intoxiquer, les insanités et les crimes dont les humains sont capables.

Chaque jour, vous êtes exposé aux agressions du monde extérieur. Ce sont là des nourritures psychiques que vous absorbez. Mais si un regard, une parole, un geste, un acte parvient à vous enlever votre paix, votre foi, votre amour, votre lumière, cela signifie que vous ne savez pas vous nourrir : vous deviez choisir vos aliments ou tenir votre bouche fermée, symboliquement parlant. Pourquoi l'avez-vous ouverte à ces nourritures ? Si vous ne savez pas comment les transformer, vous ne devez pas les accepter.

À quoi se réduisent les préoccupations de la plupart des humains ? À assurer leur subsistance et leur logement, à avoir une famille et trouver aussi de quoi la nourrir et la loger. Eh bien, quoi qu'ils en pensent, ils ne font là que mener la vie des animaux, – mais oui, n'importe quel animal en fait autant ! En quoi sont-ils alors des humains ? Leur existence échappe presque totalement à leur volonté, à leur conscience : ils naissent, ils grandissent, se reproduisent, puis s'affaiblissent et s'en vont, ils ne sont pour rien dans tout ce qui leur arrive, ils ne font que subir.

L'existence véritablement humaine commence lorsque avec sa conscience, son intelligence, un être apprend à contrôler sa vie, à la purifier, à y ajouter un élément spirituel. À ce moment-là, oui, il devient l'acteur de son existence, capable de maîtriser son destin.

Le 22 septembre le soleil entre dans le signe de la Balance, ouvrant ainsi une période nouvelle. Les fruits tombent des arbres et les grains sont triés pour être mangés ou conservés pour être semés plus tard afin que le cycle recommence.

Mais ce travail de séparation, de triage qui se fait dans la nature, ne concerne pas uniquement la végétation : il concerne aussi l'être humain, sa destinée. Comme le fruit se sépare de l'arbre, et le noyau ou la graine du fruit, l'âme un jour se sépare du corps. Le corps est l'enveloppe de l'âme, et l'âme est la graine qui est semée en haut, dans le ciel. Le jour où le fruit de l'homme est mûr, il ne doit pas retomber en terre comme la graine d'une plante, mais s'envoler vers le ciel.

Au fond d'une rivière, une classe de petits poissons écoutait l'instituteur expliquer le danger que présentent les hameçons. Et tous dessinaient des hameçons afin d'être capables de les reconnaître. Or, l'un d'eux que cette leçon ennuyait se glissa hors de la classe pour aller se promener. Soudain, il aperçut un petit ver qui s'agitait dans l'eau, et comme il commençait à avoir faim, il se précipita pour l'attraper. Il sentit alors quelque chose pénétrer violemment dans son gosier. En se débattant il réussit à s'échapper, mais dans quel état ! Il revint à l'école tout penaud, s'approcha de l'instituteur et promit qu'à l'avenir il serait plus attentif.

« Oh, direz-vous, c'est une histoire pour les enfants. » Oui, mais combien d'adultes ne sont pas plus raisonnables que ce poisson ! Ils n'en font qu'à leur tête, croyant pouvoir se passer des leçons des sages. Avec une telle mentalité ils s'exposent à être pris par toutes sortes d'hameçons, mais auront-ils eux aussi la chance de pouvoir s'échapper ?

Nous n'arriverons sans doute jamais à avoir sur l'univers le point de vue du Créateur, mais nous devons faire notre possible pour nous en rapprocher. Le seul moyen d'y parvenir, c'est de nous arracher aux pesanteurs et aux limitations de la terre, de prendre des distances par rapport au monde que nous avons chaque jour sous les yeux, et par la méditation, la contemplation, nous élever jusqu'à ce sommet d'où nous pouvons saisir la totalité de l'édifice, découvrir les lois qui ont présidé à la création.

Ces expériences sont d'une certaine façon comparables à celles des astronautes qui ont voyagé dans l'espace : désormais ils ont de la terre et de l'univers un tout autre point de vue. Or, ces engins avec lesquels les astronautes voyagent dans l'espace, chaque être humain en possède l'équivalent en lui-même : ses centres et ses corps subtils. S'il travaille à les développer, ils lui permettront d'entrer en contact avec les réalités spirituelles, comme il entre en contact par les cinq sens avec les réalités matérielles.

Les journaux, la radio, la télévision, font tous tellement de tapage autour de la réussite matérielle ! Mais pourquoi accorder autant de considération à ceux qui réussissent, s'enrichissent, brassent des affaires ? Je ne dis pas qu'ils ne soient pas intéressants, mais en insistant tellement sur les succès de ces gens-là, on entretient chez les autres, plus défavorisés, le sentiment qu'ils sont inférieurs, négligeables, sans intérêt. Ce qui entraîne nécessairement la jalousie, les rancunes, les haines. Alors, que de troubles ensuite dans la société !

Et ce n'est pas bon non plus pour tous ces gens que l'on porte au pinacle, car ils se croient arrivés au sommet, invulnérables, alors qu'une chute est toujours possible. Si on se décidait à montrer aux humains qu'il est plus important pour eux d'exploiter leurs richesses intérieures, la société s'en porterait mieux.

Nous appelons Moi supérieur le principe divin en nous, et c'est lui notre Moi véritable. Ce Moi véritable est toujours plus haut que nous-même et nous ne pouvons le trouver qu'en nous projetant sans cesse vers les hauteurs ; c'est pourquoi l'image du soleil, symbole de l'esprit, peut agir aussi bénéfiquement sur notre vie intérieure.

Le soleil nous apprend à utiliser les puissances de l'esprit, afin d'entreprendre sur nous-même un travail de régénération. Dès l'instant où nous décidons de ne compter que sur l'esprit, cette entité divine qui nous habite, notre Moi supérieur, nous mettons en marche tout un processus : comme s'ils étaient attirés magnétiquement, des éléments, des forces arrivent de l'espace et agissent sur nous. Pour chacun ce processus de régénération est possible, mais à condition de préparer d'abord la matière, sa propre matière sur laquelle ces éléments et ces forces vont travailler.

27 Septembre

L'Intelligence cosmique a établi des lois que, pour notre bonne évolution, nous devons tous connaître et respecter. Certains penseront : « Mais si nous devons nous conformer aux mêmes normes, nous deviendrons tous semblables, comme des objets de série ? » Non, ne vous inquiétez pas, vous resterez tous différents ; car n'ayant pas le même tempérament, les mêmes facultés, les mêmes qualités, vous ne pouvez pas être tous attirés par les mêmes méthodes.

Regardez par exemple les différents yogas que les Maîtres de l'Inde proposent à leurs disciples : Radja yoga, la maîtrise, la domination de soi ; Karma yoga, l'activité désintéressée, l'abnégation ; Hatha yoga, la maîtrise du corps physique ; Kriya yoga, le travail avec la lumière ; Laya yoga, le développement de la force Kundalini, Bakhti yoga, la voie de la dévotion, etc. Donc, en tant que disciples, nous pouvons suivre différents yogas, mais tous ces yogas bien compris ont le même but : apprendre à nous rapprocher du principe divin.

Au lieu de prendre conscience du rôle immense qu'ils ont à jouer dans la création, au lieu de participer à l'œuvre du Créateur, les humains, comme les animaux, s'affrontent et se déchirent. Oui, parce qu'en réalité les animaux existent toujours en eux sous forme d'instincts incontrôlés : l'agressivité, la possessivité, la sensualité, etc.

Ce n'est pas parce qu'il a appris à se présenter sous des apparences plus civilisées que le genre humain s'est débarrassé des impulsions animales. Parfois, derrière l'air aimable de quelqu'un qui vous sourit en vous disant : « Bonjour, comment allez-vous ? Quel plaisir de vous rencontrer ! » il y a un fauve qui ne demande qu'à vous sauter dessus pour vous dévorer. Et vous-même, ne vous trouvez-vous pas parfois dans un semblable état d'esprit ?... Les animaux existent dans les pensées, les sentiments, les désirs, et notre travail est de les apprivoiser jusqu'à les amener à participer avec nous dans l'harmonie cosmique.

Depuis des millénaires, toutes sortes de créatures malfaisantes déversent dans l'univers des forces destructrices, et ces forces en s'accumulant ont formé un monstre que la tradition appelle « le Dragon ». Des êtres audacieux, remplis d'abnégation, n'ont cessé de mener contre lui une lutte sans merci, mais jusqu'à présent nul n'a réussi à le vaincre. Seul l'Archange Mikhaël, le Génie du Soleil, cette puissance de Dieu parmi les plus lumineuses, est capable de dompter cet égrégore ; à l'aide de son armée, il réalisera ce que depuis des siècles tellement d'âmes réclament au Créateur. Son intervention a été prédite dans l'*Apocalypse* et d'autres Livres sacrés. C'est pourquoi nous devons nous lier à l'Archange Mikhaël, lui demander sa protection et la possibilité de travailler avec lui pour contribuer à sa victoire.

Les enfants de Dieu qui seront inscrits au nombre de ceux qui auront participé au combat de l'Archange Mikhaël, recevront le baiser de l'Ange du feu, et ce baiser ne les brûlera pas, il les illuminera.

L'être humain est sorti du sein de l'Éternel où il vivait dans la plénitude, la félicité. Il a voulu être indépendant pour agir, créer, mais comme il n'a pas encore réussi à trouver la meilleure forme à donner à ses actes, à ses créations, il souffre. Cela veut-il dire qu'il ne doit plus rien faire ? Non, il doit agir. « Oui, mais il souffrira ! » Évidemment, il souffrira, mais il apprendra, il se perfectionnera ; et quand il saura comment travailler, il ne souffrira plus.

Les souffrances que nous avons à endurer dans cette vie sont la conséquence des erreurs que nous avons commises dans nos existences antérieures. Ce que les hindous appellent le karma n'est donc que l'application à la destinée humaine de la loi des causes et des conséquences. Celui qui n'est ni assez éclairé, ni assez désintéressé, ne peut avoir une activité véritablement harmonieuse : il tâtonne. Ces tâtonnements s'accompagnent toujours de heurts, de chocs, mais il apprend.

La sécurité, la liberté, nous ne pouvons les trouver vraiment que dans le monde spirituel. Pourquoi ? Parce que justement, n'étant pas matériel, il est à l'abri des attaques extérieures.

Si vous êtes vraiment fort, vraiment convaincu, personne n'a de prise sur vos pensées, vos sentiments, vos croyances, vos aspirations. Même si on vous prive de vos livres, de vos laboratoires, de vos moyens de travail, ou que l'on vous enferme dans une prison, on ne peut pas vous empêcher de vous sentir riche, libre, de continuer à réfléchir, à faire des expériences dans vos laboratoires intérieurs et d'explorer le monde infini de l'âme et de l'esprit. C'est pourquoi il est tellement important d'apprendre à renforcer et à enrichir votre monde intérieur : c'est la seule méthode pour avoir quelque chose qui vous appartient vraiment.

Un Maître spirituel ne cherche pas tellement à donner des connaissances à ses disciples, il s'occupe plutôt de leur donner des méthodes de travail, et surtout un élan ; le savoir viendra ensuite.

Pour celui qui n'est pas décidé à travailler, le savoir spirituel est inutilisable. À quoi cela peut-il lui servir d'avoir lu par exemple des livres sur la création de l'univers avec les différentes phases qui se sont succédées : saturnienne, solaire, lunaire, ainsi de suite. C'est tellement lointain et invérifiable ! Que fera-t-il de ces notions tant qu'il n'aura pas appris à se nourrir, à respirer, à travailler et à aimer correctement… en un mot à vivre ? On sait en combien de périodes Dieu a créé l'univers, mais on se tourmente pour des futilités, on se rend malade, on se brise le cœur et on brise celui des autres. Tout ça n'est pas bien fameux… Le plus important pour le disciple, c'est donc de prendre quelques vérités essentielles, de bien les comprendre et de les mettre en pratique.

Tout ce qui nous arrive ne prend sens et valeur que dans la mesure où nous sommes décidés à en tirer parti. À ce moment-là, même les échecs, les opprobres se transforment en pierres précieuses ; tandis que les succès, les honneurs finissent par se retourner contre ceux qui ne savent pas les utiliser pour le bien.

Le Créateur a placé en nous tout ce dont nous avons besoin pour faire face à chaque situation dans l'existence. Il nous a équipé d'une sorte de laboratoire dans lequel nous pouvons entrer et travailler. Les liquides, les poudres, les gaz, ainsi que leur mode d'emploi sont là, dans notre laboratoire intérieur. Même les déshérités, les réprouvés, les criminels possèdent tous les éléments nécessaires pour se régénérer. Ils ont accumulé en eux tellement d'obstacles qu'il leur est maintenant très difficile de les franchir pour accéder à ce laboratoire, mais il est là, en eux, et un jour ils y auront accès.

En venant révéler que les humains sont tous sans exception fils et filles de Dieu, Jésus a bouleversé les consciences. Oui, car jusque-là cette vérité avait été soigneusement cachée, de peur qu'en prenant conscience de leur origine divine les foules n'obéissent plus aux règles imposées par le petit nombre qui prétendait les dominer.

Jésus a été le plus grand révolutionnaire, et c'est pourquoi il a expié sur la croix l'audace qu'il avait eue de dire non seulement qu'il était fils de Dieu mais que tous les humains ont une même origine divine. Pourtant il est écrit dans l'*Ancien Testament : « Vous êtes des dieux »*. Cette vérité a été volontairement laissée de côté et elle l'est encore aujourd'hui. Mais un véritable enseignement spirituel doit d'abord amener les humains à comprendre et à sentir qu'ils sont tous les fils d'un même Père, Dieu, l'Esprit cosmique, et d'une même Mère, la Nature, l'Âme universelle.

Nous sommes habités par des voix intérieures qui nous font toutes sortes de suggestions en prétendant que c'est dans notre intérêt. Et en réalité, si on les écoute, on est perdu, car ces voix ne viennent pas du monde de la lumière.

Un conte bulgare illustre bien cette vérité. Un homme s'était rendu coupable de toutes sortes de forfaits. Finalement, il fut pris et condamné à être pendu. Alors qu'on lui passait la corde au cou, le diable se présenta à lui et lui demanda : « Vois-tu quelque chose là-bas ? – Non. – Regarde mieux. – Je distingue des mulets. – Que portent-ils sur le dos ? – On dirait des sandales, des tas de sandales. – Eh bien, oui, dit le diable, ce sont toutes les sandales que j'ai usées pour t'amener jusqu'à cette potence. » Celui qui ne sait pas résister à toutes les voix qui parlent en lui pour l'égarer ira jusqu'à la potence. Là, le diable lui montrera toutes les sandales qu'il a usées pour l'y conduire, et il ne lui servira à rien d'accuser le diable ; c'est toujours l'homme qui est considéré comme responsable de ses actes.

6 Octobre

La matière n'est ni inerte ni insensible, et non seulement elle est sensible, mais elle est douée de mémoire. Tout ce qui se produit comme événements dans l'univers laisse des traces dans les couches éthériques de la matière ; rien ne se passe qui ne soit enregistré, et rien ne disparaît. C'est l'être humain qui n'a pas encore développé les moyens de lire ou d'entendre ces enregistrements.

Car l'être humain ne se connaît pas encore, il n'a aucune idée des moyens que le Créateur a mis à sa disposition. Et il ne sait pas non plus qu'il représente un microcosme, reflet du macrocosme, l'univers, donc qu'il est lui-même un dépositaire de toute la mémoire cosmique. Dans cette substance tellement subtile, impondérable, qui fait partie de la quintessence de son être, il y a place pour l'univers entier.

Dans une fraternité spirituelle vous rencontrez des êtres de différentes évolutions ; et même s'ils vous paraissent désagréables, peu attirants, vous devez vous efforcer de les comprendre, de les aimer et avoir suffisamment de force de caractère pour vouloir faire quelque chose pour eux. Donc, dans une fraternité spirituelle, vous avez toutes les possibilités de progresser en faisant abstraction de vos sympathies et de vos antipathies.

La plupart des gens sont toujours à chercher ce qui leur convient, ce qui leur est agréable. Eh non, ils doivent seulement chercher ce qui est bon pour leur avancement spirituel. Bien sûr, si l'on ne cherche pas à progresser intérieurement, on est incapable d'appartenir à une communauté fraternelle. Seuls ceux qui cherchent des méthodes et des conditions pour se développer, pour progresser, comprendront qu'ils trouvent là ce qu'ils ne trouveront jamais ailleurs.

8 Octobre

On entend souvent certaines critiques : « Regardez à quoi, de nos jours, les jeunes s'intéressent !... Regardez ce qu'ils lisent... ce qu'ils écoutent ! » Mais qui fabrique toutes ces choses inutiles ou même dangereuses par lesquelles ils sont attirés ? Eux-mêmes sont trop jeunes pour pouvoir les inventer.

Et ces garçons et ces filles qui ont quatorze, quinze ans, non seulement on met à leur disposition toutes sortes de futilités mais on leur présente comme idéal la réussite sociale, et on trouve naturel aussi qu'ils aient, dès cet âge-là, n'importe quelle expérience sexuelle. Les livres, les films, la radio, la télévision, la musique, etc., tout les pousse à vivre des aventures qui vont les vieillir prématurément. À ce moment-là, les mêmes qui les ont entraînés dans cette voie ne leur trouvent plus autant de charme, et ils les repoussent pour les remplacer par d'autres, plus innocents, plus frais, auxquels ils réservent le même sort. N'est-ce pas une conduite irresponsable, criminelle ?

De la façon dont on travaille avec eux, les nombres restent des abstractions, alors qu'en réalité ils sont concrets, vivants et porteurs de sens.

Prenons, par exemple, le nombre 6 qui résulte de 2 x 3. Sur cette structure est construit le sceau de Salomon : deux triangles inversés qui s'interpénètrent ; ces deux triangles symbolisent dans l'univers l'unité de la matière et de l'esprit, et dans l'être humain la fusion de sa nature inférieure et de sa nature supérieure. À travers le sceau de Salomon s'exprime donc l'équilibre des forces antagonistes dans l'univers et dans l'être humain : la matière ne s'oppose plus à l'esprit, et la nature inférieure devient la servante de la nature supérieure.

On n'est pas habitué à voir les nombres comme des entités vivantes, c'est pourquoi tant de passages des Livres sacrés restent obscurs. Seuls les kabbalistes possèdent la véritable science des nombres.

Un médecin peut se contenter de prescrire des médicaments. Il se penche sur les malades exactement comme un mécanicien sur des voitures tombées en panne, et ses soins auront certainement quelque efficacité... Mais voilà un autre médecin véritablement animé par le besoin de soulager et de réconforter ses patients : ce qui émane de son regard, de sa voix, de sa poignée de main, éveille en eux des puissances qui vont agir insensiblement sur leur corps physique et ranimer certaines énergies qui agiront bénéfiquement sur leur organisme.

Mais cela n'est qu'un exemple. Le clergé vis-à-vis des fidèles, les parents et les éducateurs vis-à-vis des enfants, les patrons vis-à-vis des employés, etc., dans tous les domaines de l'existence, on peut constater comment ce qui émane du plus profond des êtres influence la matière psychique et, par voie de conséquence, le comportement de ceux avec lesquels ils sont en relation.

Les vêtements sont des écrans qui nous isolent et nous protègent du monde ambiant. Sans vêtements on devient évidemment plus sensible. Transposons ce fait dans le domaine de la vie intérieure : on peut dire que la sensibilité est une manifestation de la spiritualité ; celui qui se dépouille de l'épaisseur des préoccupations ordinaires, dissout les couches qui l'environnent et devient plus réceptif au monde divin.

Dans les Livres sacrés, vous lirez des récits où celui qui a vaincu les désirs grossiers pour vivre dans le respect des lois divines, reçoit en récompense un vêtement. Ce vêtement peut être blanc ou coloré, mais il est toujours présenté comme un tissu précieux, une matière d'une beauté presque irréelle. Ce vêtement symbolise l'aura, qui est notre véritable vêtement. Pour le mériter, nous devons nous débarrasser de tout ce qui nous rend pesant et nous obscurcit, afin d'entrer en relation avec le monde divin. L'aura, ce vêtement de lumière, est le signe que nous y sommes parvenus.

La vie spirituelle est fondée sur cette loi inflexible que nous devons mourir pour vivre, c'est-à-dire mourir à la vie inférieure, instinctive, animale pour naître à la vie supérieure de l'âme et de l'esprit, la vie de Dieu Lui-même. Seul Dieu est véritablement sage, puissant et plein d'amour, et nous devons Lui céder la place afin qu'Il vienne régner en nous et tout organiser, harmoniser.

Comment lui céder la place ? Imaginez que vous vous fondez dans l'espace infini, dans l'Âme universelle, et demandez au Seigneur de venir prendre possession de vous. Peu à peu vous allez sentir que c'est Lui qui se manifeste, qui parle, qui travaille à travers vous : vous restez vous, et en même temps vous n'êtes plus vous ; vous avez voulu disparaître, et non seulement vous n'avez pas disparu, mais vous êtes devenu beaucoup plus vivant qu'avant… Tout s'éclaircit, s'améliore, la vraie vie commence à circuler, et c'est l'abondance, la splendeur, la liberté.

Alors même qu'ils mettent l'amour au-dessus de tout, qu'ils espèrent trouver « le grand amour » et le vivre pour l'éternité, pourquoi les hommes et les femmes ont-ils tellement de difficultés à le garder pendant quelques années ou même quelques mois ? Parce qu'au moment où ils découvrent qu'ils aiment un homme, une femme, ils s'arrêtent à lui ou à elle. Ils ne savent pas que cette créature est comme le canal par où passent la beauté, le charme, les qualités d'un autre monde, et que leur âme a soif de cet autre monde. Alors ils se concentrent sur cette créature et ils attendent tout d'elle. Voilà l'erreur, l'origine de leurs désillusions et de leurs chagrins.

L'homme, la femme doivent apprendre à se considérer l'un l'autre comme un point de départ pour aller chercher l'amour à la source. C'est la seule façon de n'être jamais déçu. Car, à la source, l'eau de l'amour est toujours limpide, pure, vivifiante.

Il y a des vérités essentielles que vous devriez vous remémorer dix, vingt, trente fois par jour. Tant que vous ne vous imposerez pas cette discipline, vous ne progresserez pas. Quand vous vous laissez entraîner à commettre des actions qui ne sont pas tellement justes ou nobles – et que vous regrettez ensuite – c'est parce que vous avez oublié les vérités et les lois qui vous auraient permis de triompher de vos faiblesses.

Il faut voir l'utilité de la répétition. D'ailleurs, il y a tellement de choses que vous trouvez normal de répéter ! Chaque jour vous acceptez de manger et de boire plusieurs fois, de dormir, de respirer… ou de faire des bêtises, toujours les mêmes ! Mais si vous entendez quelqu'un vous répéter les vérités qui sont capables de vous sauver, vous ne le supportez pas. Est-ce intelligent ?

Un gland disait un jour à un vieux chêne : « Mon cœur est rempli d'amour et je vais partir faire du bien dans le monde. » Le vieux chêne secoua la tête et répondit : « Ne te presse pas, entre un peu sous la terre afin de te développer ; quand tu seras un bel arbre, tu abriteras les oiseaux, tu nourriras les animaux de la forêt, tu donneras de l'ombre aux hommes, tu inspireras les peintres… – Tu es vieux, dit le gland, et tu es fatigué, tu ne comprends rien à l'enthousiasme de la jeunesse. Adieu, je m'en vais… » Il se tenait tout fier sur le bord du chemin, prêt à partir, quand un cochon qui passait par là le vit et le croqua.

Voilà ce qui arrive à tous les jeunes présomptueux qui s'imaginent pouvoir changer le monde sans avoir étudié, sans s'être préparés : ils se font manger par le premier cochon qui passe. Ils doivent tout d'abord comprendre qu'on ne peut aider les autres qu'en fonction de ses capacités, de ses connaissances et que cela demande d'abord de l'humilité.

L'Arbre de Vie, l'Arbre séphirotique est un schéma symbolique qui résume toute la Science initiatique*. On peut le comparer à une graine. Mettez cette graine-là en terre et elle fera apparaître devant vous toute la création avec la multitude des créatures. Ce schéma peut devenir un instrument magique, un pantacle parmi les plus puissants. Tout est là, tous les principes, tous les éléments avec lesquels Dieu a créé le monde.

L'Arbre de Vie représente un système qui vous aidera à ne pas vous disperser dans votre travail spirituel. Au fur et à mesure que vous l'approfondirez, vous introduirez en vous-même l'ordre, l'équilibre, l'harmonie. Dès que vous avez un peu de temps, arrêtez-vous sur ce tableau, choisissez une séphira, concentrez-vous sur elle et cherchez à développer les qualités ou les énergies qu'elle contient. Que vous cherchiez la lumière, l'amour, que vous cherchiez la force, la protection, la générosité, la justice, adressez-vous à l'Arbre de Vie : il est là à la disposition des fils et des filles de Dieu qui ont besoin de se nourrir de la vie divine.

* Voir tableau et note, p. 374-376.

C'est évidemment un signe d'évolution que d'éprouver sans cesse de nouveaux besoins. Mais cette cupidité, cette voracité qui poussent tant de gens à chercher leurs satisfactions dans le plan physique, et qui les amène à dévaster, à polluer la planète, est en train de conduire l'humanité à la catastrophe.

Et pourquoi même ceux qui en sont conscients s'obstinent-ils dans cette voie ? Tout simplement parce qu'ils ne se connaissent pas, ils n'ont jamais essayé d'explorer leurs véritables richesses. S'ils savaient que le Créateur a placé en eux, à l'état subtil, l'équivalent de tout ce qu'on peut trouver dans l'univers, au lieu de vouloir accaparer tout ce qui passe à portée de leurs mains, ils se nourriraient et s'embelliraient des richesses qu'ils découvriraient en eux, les richesses de l'esprit. Et alors, non seulement ils ne détruiraient rien, mais tout ce qu'ils réaliseraient ensuite dans le plan physique serait marqué du sceau de l'esprit.

Quand nous parlons de l'eau, nous pensons spontanément à ces étendues liquides que sont les rivières, les lacs, les mers…. Mais dans la nature, l'eau n'est pas nécessairement visible : elle est partout présente dans l'atmosphère sous forme d'humidité ; puis, en se condensant, elle devient vapeur, brume, nuages, brouillard, jusqu'à finir par tomber en gouttes de pluie. Sous l'effet du froid, elle peut se solidifier et devenir glace, et lorsqu'elle tombe du ciel, cela peut prendre non seulement la forme de gouttes de pluie, mais aussi de légers flocons de neige ou de grêlons capables d'assommer des gens, de saccager les cultures et les toits des maisons.

L'eau est donc cet élément aux aspects multiples qui, par analogie, nous fait comprendre comment la même matière originelle passe alternativement par différents états, plus denses ou plus subtils. Et de même, notre corps physique, notre âme et notre esprit ne sont que des manifestations différentes d'une matière unique, il n'existe aucune rupture réelle entre eux.

L'être humain est ainsi construit qu'il est continuellement obligé de sortir de lui-même. Dès l'instant où il se réveille le matin, il sort, c'est-à-dire il regarde, il écoute, il parle, il quitte sa maison pour aller au travail ou dans les magasins, il va visiter des amis, se distraire, se promener, voyager. C'est très bien, mais à la longue, il se laisse tellement prendre par toutes ces activités extérieures qu'il finit par perdre le contact avec lui-même, il ne sait plus véritablement qui il est. Et à partir de ce moment-là, non seulement il n'y voit plus clair dans les situations et commet des erreurs, mais il s'affaiblit, et le moindre choc, la moindre contrariété le laisse désemparé.

Il est normal que l'homme sorte de lui-même, chaque contact avec le monde extérieur l'oblige à sortir. Mais pour ne pas partir à la dérive, il doit sans cesse veiller à rétablir l'équilibre entre l'extérieur et l'intérieur, la périphérie et le centre, la matière et l'esprit.

Il est légitime que, dans la vie courante, chacun exprime et soutienne ses opinions, même les plus excentriques. Oui, tant que les humains n'ont pas connaissance des vérités éternelles de la Science initiatique, il faut bien qu'ils s'affirment, qu'ils discutent, qu'ils s'affrontent ; il se peut qu'en croisant le fer et en faisant jaillir des étincelles, ils finissent par se rapprocher de la vérité.

Mais une fois que vous êtes entré dans une École initiatique, où vous êtes instruit des grandes lois cosmiques, ce n'est plus le moment de discuter et d'imposer vos vues personnelles. Dans la société, les divergences, les affrontements, c'est bien, il faut beaucoup de penseurs, de chercheurs, de critiques qui analysent, font des hypothèses, discutent… Mais le jour où vous avez trouvé la vérité de la Science initiatique, vous ne devez plus perdre votre temps en discussions, mais vous efforcer seulement de mettre ces vérités en pratique.

Même s'ils se rencontrent tous les jours, les humains n'ont les uns sur les autres qu'une vue superficielle. Ils s'arrêtent sur l'apparence, et l'apparence, souvent, n'est pas fameuse. Ils oublient qu'au-delà de cette apparence il y a aussi une âme, un esprit, et même si cette âme et cet esprit se manifestent rarement, ils sont là, ils ont toujours la possibilité d'apparaître et de s'exprimer. Encore faut-il le remarquer : ce n'est pas faire preuve d'intelligence que d'avoir sur les humains un regard tellement superficiel.

Un sage, qui sait que les hommes et les femmes sont fils et filles de Dieu, s'arrête sur cette pensée et aborde tous les êtres avec cette pensée. Il fait là un travail créateur, car il développe ainsi le côté divin chez tous les êtres qu'il rencontre, et il se sent heureux. Croyez-moi, la meilleure façon d'agir avec les autres, c'est de découvrir leurs qualités, leurs vertus, leurs richesses spirituelles et de se concentrer sur elles.

Imaginez qu'on annonce un jour aux chrétiens du monde entier : « Désormais, il n'y aura plus de lieux de culte, plus de cérémonies, plus de clergé, plus de statues ni d'images saintes, plus rien de matériel ni d'extérieur : vous allez adorer Dieu *en esprit et en vérité* comme l'a prophétisé Jésus. » Ce serait le vide pour eux, ils se sentiraient perdus, car la majorité des humains ont besoin de s'accrocher à des objets concrets, tangibles.

Seul un être exceptionnellement évolué peut trouver dans son esprit, dans son âme, le sanctuaire où il entrera pour s'adresser au Seigneur, pour toucher, goûter et respirer les splendeurs du Ciel. Évidemment un pareil élargissement de la conscience est souhaitable. Pour ceux qui sont capables d'arriver jusque-là, il n'y a plus de limite, car le monde de l'âme et de l'esprit est d'une richesse inépuisable ; ils peuvent travailler jusqu'à l'infini pour construire leur avenir de fils et de filles de Dieu.

Pourquoi les alchimistes décrivent-ils la transformation de la matière du grand œuvre comme une succession de couleurs ? Parce qu'ils ont observé cette succession dans la vie végétale. Prenons les arbres fruitiers : à quelques nuances près, car la nature est riche de différences, ils passent par une série de couleurs et toujours dans le même ordre. Pendant l'hiver, les arbres sont noirs et nus ; au printemps, ils deviennent blancs avec les fleurs et verts avec les feuilles. Puis arrive l'été : les fruits en mûrissant deviennent jaunes et rouges ; et à l'automne, c'est le feuillage qui devient rouge et or. Avec le rouge et l'or, le processus est terminé, c'est la fin du cycle comme dans l'œuvre alchimique.

À l'image de la végétation, l'être humain doit traverser intérieurement toutes les phases de l'œuvre alchimique : il meurt, puis il ressuscite, et il ressuscite avec des vertus et des pouvoirs nouveaux : des couleurs nouvelles.

Les Initiés, les sages ne peuvent pas tout, et ils le savent ; c'est pourquoi ils s'occupent d'instruire seulement les êtres qui, dans l'échelle de l'évolution, représentent symboliquement des plantes, des animaux et des hommes. Un Maître spirituel ne peut rien faire avec ceux qui sont restés des pierres, c'est inutile, car il faut encore et toujours les pousser, leur donner un élan pour les faire bouger. Cet élan épuisé, ils s'arrêtent jusqu'à ce qu'il leur vienne du dehors une nouvelle impulsion.

Certains vont s'étonner et même s'indigner : « Comment ? Mais un Maître spirituel devrait avoir assez d'amour pour s'occuper de tous les êtres ! » Malheureusement, si grand que soit son amour, il est impuissant devant ceux qui sont des pierres et veulent rester des pierres. Pour les aider, il faudrait au moins que ces pierres aient le désir de devenir des plantes…

La connaissance du monde physique est insuffisante pour nous révéler la vérité. Le monde physique, c'est-à-dire ce que l'on peut voir, entendre, toucher, mesurer, peser, est seulement une manifestation, une conséquence lointaine du monde de la vérité. Nous croyons saisir là la vérité, alors que nous ne percevons que son vêtement, une écorce.

La vérité est un monde de perfection qui a des manifestations dans les trois plans, spirituel, psychique et physique : au travers des vertus dans le plan spirituel ; au travers des pensées et des sentiments dans le plan psychique ; au travers des formes, des couleurs, des sons, etc., dans le plan physique.

Quelles différences entre les humains ! Et pourtant, en les créant, le Seigneur leur a donné la même structure et ils sont donc mus par les mêmes ressorts. Mais en descendant dans la matière ils ont pris des chemins différents, ils ont fait des expériences différentes, qui ont éveillé en eux des tendances, des goûts différents, contradictoires même. Et comme chacun est persuadé que sa vérité particulière représente la seule vérité, presque plus aucune compréhension n'est possible entre eux.

Pour s'accorder à nouveau, pour comprendre et apprécier les mêmes valeurs, les humains doivent reprendre intérieurement le chemin ascendant qui les conduira vers le sommet. C'est le seul moyen de résoudre tous les problèmes politiques, économiques, sociaux, religieux. Car pour résoudre véritablement les problèmes, on ne doit pas rester au niveau où ils se posent, mais faire un travail intérieur qui permet de les voir de plus haut.

On ne peut nier que la plupart des humains aient bon cœur et soient sensibles, mais ils ont une curieuse façon de manifester cette sensibilité. S'ils voient au cinéma ou au théâtre un enfant abandonné ou maltraité, de pauvres gens mourant de faim, ils versent facilement quelques larmes. Mais si, en sortant du spectacle, ils passent devant un mendiant dont la physionomie misérable devrait arrêter leur regard et susciter leur pitié, ils ne le remarquent même pas. Et une fois rentrés chez eux, ils bousculent leurs enfants, ils ne les écoutent pas, alors qu'ils ont besoin d'attention et de tendresse. Oui, c'est extraordinaire, au cinéma ou au théâtre on est sensible, on s'attendrit, mais dans la vie, devant le même spectacle, on ferme trop souvent ses yeux et son cœur.

Les humains ont encore beaucoup à apprendre sur la véritable sensibilité et comment la manifester. Et ne parlons pas de la sensibilité au monde divin ! Combien sont capables de pleurer devant la beauté du monde divin, d'éprouver une telle émotion que tout leur être bouleversé renaît purifié, régénéré ?

Qui a envie de faire quelque chose qu'il n'aime pas ? Il faut aimer une chose pour être poussé à s'approcher d'elle, l'utiliser ou travailler avec elle. Celui qui a faim éprouve de l'amour pour la nourriture, il n'a besoin de personne pour lui dire d'aller chercher dans les placards ou les magasins. Et il en est de même pour toutes les autres activités. Si vous aimez la vie spirituelle, vous ne pouvez pas rester comme ça, inactif, les bras croisés : vous êtes poussé à assouvir cet amour, vous faites tout ce que vous pouvez pour satisfaire ce besoin de pureté, de lumière.

Il est utile d'avoir un Maître, un instructeur pour vous expliquer clairement en quoi consiste la vie spirituelle, les méthodes qui permettent de s'y engager et les bienfaits qu'elle pourra vous apporter, mais c'est à vous de l'aimer et de la vivre. Le Maître donne la lumière, et le disciple se prononce avec son cœur.

Il n'existe aucune séparation entre le monde d'en bas et le monde d'en haut, la graine nous en donne une démonstration particulièrement claire. Lorsque vous enfouissez une graine dans le sol, il se produit immédiatement une liaison entre la terre et le ciel : le soleil envoie à la graine sa lumière et sa chaleur, la terre lui donne l'humidité, et la graine se met à croître. Vous avez simplement mis une graine en terre, mais en même temps vous avez déclenché un phénomène dans le ciel…

Les mêmes processus se produisent aussi en nous. Par exemple, nous introduisons une graine (la nourriture) dans la terre (notre estomac), et tout de suite le ciel (la tête) envoie des courants vers cette nourriture que nous avons absorbée afin qu'elle se transforme en énergies, en sentiments, en pensées. Dès que nous plaçons la nourriture dans notre estomac, de tous les points de l'organisme, des forces se dirigent vers elle et se mettent au travail.

D'un enseignement spirituel vous ne devez attendre que des vérités qui produiront un changement dans votre conscience. Ce changement sera d'abord minuscule, mais en lui sont contenus le ciel et la terre.

Rappelez-vous ce que dit Jésus du grain de sénevé : *« C'est la plus petite de toutes les semences, mais quand il a poussé, il devient même un arbre, au point que les oiseaux du ciel viennent s'abriter dans ses branches. »* Ce n'est donc pas la taille du grain qui compte, mais sa vigueur. Le grain de sénevé peut être interprété comme une pensée ou un sentiment en apparence imperceptible, mais qui, s'il est intense et si on lui en donne les conditions, produira d'immenses réalisations. *« Les oiseaux du ciel viennent s'abriter dans ses branches »,* dit Jésus. Les oiseaux, ce sont les esprits du monde invisible : ils viennent visiter les créatures qui ont embrassé la vie spirituelle, et même trouver un abri en elles. Alors, avec de telles présences, qui ne se sentirait pas comblé ?

Dès qu'ils sentent monter en eux la colère ou l'exaspération, combien parmi vous pensent à canaliser cette énergie afin d'éclairer leur ville ou faire tourner la roue de leur moulin ? (Il faut évidemment transposer ces images…) La plupart se laissent emporter et se vantent ensuite : « Hein ? Je lui ai donné une bonne leçon, à cet imbécile ! » Dans leur colère, ils ont dit ce qu'ils pensaient, bien sûr, mais surtout ils se sont vidés de leurs énergies, et il leur faut ensuite beaucoup de temps pour les récupérer.

Mais la colère n'est qu'un exemple. Il y a tellement d'autres cas où on gaspille de précieuses énergies ! Prenons seulement la médisance, qui est un défaut tellement répandu. Parler des autres pour se plaindre d'eux, les critiquer, les accuser, s'immiscer dans leurs affaires, cela vide le cerveau et le cœur. C'est donc à vous de vous étudier et de remarquer les circonstances dans lesquelles votre force s'en va ou revient, et d'analyser les causes de cet état.

Les « Âmes glorifiées » sont les êtres les plus évolués de la séphira *Malhouth*.* On les appelle en hébreu les *Ischim*, c'est-à-dire les Hommes. Ce sont eux les Élus, les saints, les patriarches, les prophètes, les grands Maîtres de l'humanité, les fondateurs des grandes religions. Ils ont pour mission de faire le lien entre la terre et le Ciel, entre les humains et les hiérarchies.

Que sont devenus ces êtres après leur mort ? Où se trouvent-ils ?... Ils sont toujours là, ils existent dans le monde invisible, ils forment une fraternité d'êtres lumineux et ils n'ont pas abandonné l'humanité. Au-dessus d'eux, dans les autres séphiroth, vivent d'autres entités qui les dépassent, elles portent d'autres noms et forment une fraternité encore plus vaste. Mais ici, dans la séphira *Malhouth,* les *Ischim* forment une fraternité puissante qui guide l'humanité, qui veille sur elle et oriente les forces cosmiques en vue de son développement spirituel.

* Voir tableau et note, p. 374-376.

À la mort d'un être cher, parent, ami, il est naturel d'avoir besoin de se raccrocher à des souvenirs : objets, lettres, photos… Mais cela ne suffit pas pour conserver sa présence. Car sa présence n'est pas dans des objets mais dans son esprit, et tant qu'on reste là à tourner autour de quelques objets, il ne s'agit pas d'esprit, mais de matière.

Quant à aller se recueillir sur une tombe, là encore c'est naturel, mais ce qui est dans la tombe, c'est le corps, pas l'esprit. L'esprit a besoin de liberté et il fait des efforts pour se dégager du corps et voyager dans l'immensité qui est sa vraie patrie. Celui qui souffre et pleure sur une tombe, comme si celui qui est là dans le cercueil, devait y rester pour l'éternité, le limite et le gêne dans son désir de libération. Et il ne le retrouvera pas pour autant. Si vous voulez vraiment retrouver un être cher, efforcez-vous d'aller le chercher là où il est, très loin, très haut dans la lumière.

L'autorité sur les autres commence par un travail sur soi-même. Quand un être qui a tout d'abord travaillé sur ses propres enfants, c'est-à-dire les cellules de son organisme, doit éduquer d'autres enfants à l'extérieur, ou même exercer des responsabilités qui lui donnent de l'autorité sur des adultes, ses paroles, ses gestes sont expressifs, convaincants. Ceux qu'il instruit ou qu'il dirige sentent qu'il ne se donne pas un rôle, mais qu'il est tout entier dans ce qu'il dit et fait. C'est pourquoi sa présence est magique et il obtient des résultats. Au-dedans de lui tous ses habitants le soutiennent et lui donnent des forces, parce que tout son être est habitué à travailler dans une direction unique : le bien, la lumière.

Un être n'a de véritable autorité que lorsque toutes ses cellules dégagent quelque chose d'harmonisé, d'unifié. Sinon, tandis que la partie qui parle fait entendre un certain son, tout le reste de la personne crie le contraire.

Il y a des qualités et des vertus que vous souhaitez plus particulièrement posséder. Alors, concentrez-vous sur elles, essayez d'imaginer cette créature magnifique que vous aspirez à devenir : vous sentirez augmenter votre force intérieure, votre confiance et votre joie, comme si vous goûtiez par avance ces transformations qui finiront par se produire un jour. Beaucoup diront : « Mais nous voyons bien comment nous sommes, et ce n'est pas notre imagination qui y changera quelque chose. » Continuez à penser ainsi et en effet vous ne changerez jamais !

Le spiritualiste, qui connaît le pouvoir de la pensée, sait combien elle peut être efficace. Dans ses méditations, il s'imagine dans la lumière, manifestant toutes les qualités divines. La pensée, qui prépare ainsi le terrain, le rapproche peu à peu du but qu'il veut atteindre.

Le grand amour, le succès, la fortune, la gloire, c'est l'idée que les humains se font du bonheur, et ils les attendent. S'ils ne viennent pas, certains vont consulter des astrologues, qui leur disent : « Mais oui, l'amour viendra, le succès viendra… dans six mois, dans un an, quand il y aura tel transit ou telle conjonction de planètes. » Alors, les voilà rassurés, et ils continuent à attendre…

Eh bien, non, le bonheur n'est pas quelque chose qui vient – ou ne vient pas – comme ça de l'extérieur. Le bonheur est un état de conscience qui dépend de notre bonne compréhension des choses. Il ne faut pas s'imaginer que nous sommes venus sur la terre pour y voir se réaliser tous nos désirs. Nous sommes venus sur la terre pour apprendre et nous perfectionner. Or, comment se perfectionner, sinon en rencontrant chaque jour de nouveaux problèmes à résoudre ? Voilà, il faut que ce soit bien clair : la terre est une école et, comme dans toutes les écoles, seuls ceux qui apprennent et progressent peuvent être heureux.

Grâce au développement de leurs cinq sens les humains sont parvenus à une bonne connaissance et une grande maîtrise de la matière. Mais l'activité des cinq sens dévore toutes leurs énergies psychiques et il ne leur reste plus rien pour éveiller d'autres facultés de perception. Voir, entendre, goûter, toucher, s'amuser, se bagarrer… ils s'imaginent que toute la vie est là. Non, ce n'en est qu'une partie seulement. Ils vivent, ça c'est vrai, ils vivent ; mais cette sorte de vie-là leur cache la vraie vie ! Ils cherchent toujours trop bas… alors que c'est en haut qu'ils devraient chercher.

Efforcez-vous donc d'éliminer beaucoup de sensations qui empêchent la véritable compréhension, la véritable vision. Apprenez à vous élever par la pensée afin d'avoir des sensations d'une autre nature, d'une autre qualité, qui vous ouvriront les merveilles du monde spirituel.

Quelqu'un affirme fièrement : « Moi, j'ai des convictions et je les défends. » En effet, on le voit batailler courageusement contre ceux qui ne sont pas de son avis. On ne peut pas reprocher aux gens d'avoir des convictions, mais ils devraient se demander parfois ce qu'elles valent et s'il ne serait pas utile de les réviser. Du point de vue de la sagesse, l'attitude de certains « hommes de conviction » est plutôt de l'orgueil ou de la bêtise, et les conséquences peuvent être terribles : le fanatisme, la cruauté.

On peut être convaincu et commettre les pires erreurs : le fait d'être convaincu ne changera pas une opinion erronée en vérité. « Mais alors, direz-vous, comment savoir ce que valent nos convictions ? » Si elles vous rendent meilleurs, plus généreux, plus lucides, plus compréhensifs à l'égard des autres, conservez-les. Mais si ce n'est pas le cas, vous n'avez pas de quoi être fiers : tâchez de les réviser sévèrement.

Qu'est-ce que l'analyse ? Une descente dans la matière. Et la synthèse ? Une montée vers l'esprit. Plus on monte, plus on perd de vue le détail des choses, mais l'ensemble apparaît… Plus on monte, plus on est obligé de faire la synthèse, et grâce à cette synthèse on saisit une unité, car on découvre sous un principe unique la liaison qui existe entre une multitude de faits et d'objets. C'est ainsi qu'on marche vers le savoir véritable, vers la véritable puissance, mais aussi vers la santé et la joie.

Savoir, c'est arriver à regarder du point le plus élevé pour avoir une vision de la totalité. Et de même, la puissance, la santé, la joie ne s'obtiennent que par l'unification de toutes les énergies et leur convergence vers un point unique, là où il n'y a plus de division, de séparation.

Respiration et nutrition ont beaucoup de points communs et sont régies par les mêmes lois. De même qu'il n'est pas bon d'avaler la nourriture sans la mâcher, il n'est pas bon non plus de respirer rapidement sans que l'air ait le temps de descendre jusqu'au fond des poumons pour les remplir, les dilater. Il faut respirer lentement et profondément, et même, de temps à autre, retenir quelques secondes l'air dans les poumons. Pourquoi ? Pour le « mâcher ». Oui, les poumons savent mâcher l'air comme la bouche sait mâcher les aliments.

L'air que nous respirons est une « bouchée », une bouchée remplie de forces inouïes. Si on la rejette trop vite, les poumons ne peuvent pas la « cuire », la « digérer », l'assimiler suffisamment pour que l'organisme bénéficie des énergies qu'elle contient. Voilà pourquoi tant de gens sont fatigués, nerveux, irritables : parce qu'ils n'ont pas appris à se nourrir avec l'air, ils ne le « mâchent » pas, ils le rejettent tout de suite. La respiration profonde est un exercice magnifique qu'il faut penser à pratiquer.

L'homme vit dans son corps physique comme dans une carapace et c'est cette carapace qui l'empêche de sentir la réalité du monde psychique. Mais quand, au moment de la mort, il quitte son corps, il se retrouve sans défense dans le plan astral*. Ce que les religions appellent purgatoire ou enfer n'est rien d'autre que des états de conscience pleinement vécus dans le plan astral.

Ceux qui se sont complètement abîmés dans une vie de débauche, d'injustice, de méchanceté, de cruauté, et qui ont réussi à échapper à la justice humaine, se trouvent, quand ils meurent, confrontés dans le plan astral à tout le mal qu'ils ont fait. Pendant leur vie ils étaient arrivés à chloroformer leur conscience. Mais après leur mort ils ne peuvent plus trouver refuge nulle part : ils n'ont plus de corps physique qui les protège et les insensibilise, et ils éprouvent exactement les souffrances qu'ils ont fait subir aux autres tout au long de leur vie.

* Voir note et schéma, p. 372 et 373.

Si les humains se sentent pauvres, démunis, c'est qu'ils ont toujours peur de perdre quelque chose. Et alors, ils se recroquevillent, ils se ferment sans comprendre que par cette attitude fermée ils s'appauvriront encore davantage. Pour s'enrichir, il faut donner.

Oui, celui qui veut prendre s'appauvrit, alors que celui qui pense toujours à donner s'enrichit, parce qu'en donnant il réveillera des forces inconnues qui sommeillent quelque part dans les profondeurs de son âme. Au moment où ces forces jaillissent et commencent à circuler, il se sent tellement rempli qu'il est étonné. Il se dit : « Mais comment ça se fait ? J'ai donné, j'ai donné et je suis plus riche !... » Eh bien, c'est cela la nouvelle vie. On entend dire partout : « Il faut changer la vie, il faut créer une société nouvelle »... Mais jamais on n'y arrivera si on garde les mêmes vieilles mentalités inspirées par le besoin de prendre et non de donner.

« Place la bonté comme base de ta demeure, la justice comme mesure, l'amour comme délectation, la sagesse comme limite et la vérité comme lumière. » Comment comprendre ce précepte du Maître Peter Deunov ?

La bonté est liée au plan physique, la justice au plan éthérique, l'amour au plan astral, la sagesse au plan mental, et la vérité au plan causal.* Dans la main, c'est le pouce (lié à Vénus) qui représente l'amour ; l'index (lié à Jupiter) représente la bonté ; le majeur (lié à Saturne) représente la justice ; l'annulaire (lié au Soleil) représente la vérité ; et l'auriculaire (lié à Mercure) représente la sagesse. Si vous développez ces cinq vertus, vous travaillez avec les cinq doigts de votre main divine, et vous avez alors de grandes possibilités pour agir.

* Voir note et schéma, p. 372 et 373.

Tous les jours des tentations se présentent à nous. Être tenté, c'est recevoir une influence. Or, qu'est-ce qu'une influence ? Un courant qui essaie de pénétrer en nous, donc une sorte de nourriture. Il n'est pas toujours possible de s'opposer à l'irruption de ces courants, mais une fois qu'ils se sont introduits, nous devons nous efforcer de les transformer. Si nous succombons, si nous nous laissons aller à un geste de faiblesse, notre tribunal intérieur note que nous n'avons pas su assimiler ces substances, et elles vont donc réapparaître d'une façon ou d'une autre sous forme de troubles psychiques ou même physiques.

Les nourritures nocives qu'on ne laisse pas entrer ne risquent pas de ressortir ; il faut donc veiller à ne pas les laisser pénétrer. Mais comme on n'y arrive pas toujours, une fois qu'elles sont entrées on doit s'exercer à les transformer pour les rendre assimilables.

Dans le plan éthérique chaque être possède un parfum spécial. Ce parfum est une quintessence de ce qu'il possède de plus précieux : son amour, et c'est grâce à ce parfum que les êtres qui s'aiment pourront se reconnaître dans l'autre monde. Les êtres qui vous aiment laissent en vous un parfum que vous conserverez pour l'éternité, et de même, chacune de vos manifestations d'amour désintéressé pour quelqu'un, laisse en lui comme un parfum grâce auquel il se souviendra de vous et vous reconnaîtra.

Combien d'hommes et de femmes qui s'aiment se demandent s'ils se retrouveront dans l'autre monde ! Mais oui : s'ils se sont vraiment aimés, ils seront capables de se reconnaître parmi les milliards d'âmes qui peuplent le monde invisible ; ils ne pourront pas se tromper. Parmi la multitude des êtres créés, c'est uniquement l'amour pour la personne que vous cherchez qui vous conduira vers elle, sans même que vous ayez besoin de savoir dans quel endroit de l'espace elle se trouve là-haut.

L'argent, la gloire, les plaisirs, l'amour, la justice, la paix, etc., chacun selon son tempérament réclame quelque chose. Il est prêt à remuer le monde entier pour obtenir ce dont il estime avoir besoin. Et il y a tellement de choses à réclamer ! Mais avez-vous souvent entendu quelqu'un dire : « J'ai besoin de lumière, il me faut la lumière » ? Non, pour la majorité des humains, la lumière ne représente pas grand-chose, et si elle leur manque, ils n'en voient pas les conséquences.

Or, voilà justement que les conséquences du manque de lumière sont très graves : toutes les difficultés et les tribulations de l'humanité ont pour cause le manque de lumière. Celui qui n'a pas la lumière s'expose à ne pas obtenir ce qu'il cherche ou, s'il y a réussi, à ne pas le conserver. Croyez-vous que sans lumière on puisse avoir longtemps l'amour, la justice et la paix ?

Les relations de l'homme et de l'animal ne sont pas encore bien connues. Il arrive, par exemple, que des âmes humaines soient condamnées à habiter dans des corps d'animaux afin d'expier des fautes commises dans une existence antérieure. La loi karmique les place pour une durée déterminée dans cette situation et elles travaillent avec l'âme de l'animal sans la déloger… Il arrive aussi que des êtres très évolués entrent volontairement dans le corps de certains animaux pour étudier cet univers encore si mal connu qu'est le règne animal.

Mais voici encore un autre aspect. Chaque animal, d'après sa nature, son mode de vie, est prédestiné à retenir en lui les bons ou les mauvais fluides qui circulent dans l'atmosphère. Les humains peuvent ainsi se décharger sur les animaux des forces négatives qui les tourmentent, et c'est ce que font inconsciemment beaucoup de personnes avec leurs animaux domestiques. C'est de cette façon également que s'explique le passage des Évangiles où Jésus débarrasse un homme de ses démons en les faisant entrer dans des pourceaux.

Ne confondez pas la Science initiatique et les sciences occultes, où la lumière de la connaissance spirituelle est avant tout utilisée à des fins ténébreuses. Beaucoup de ceux qui ont trempé dans les sciences occultes parce qu'ils voulaient utiliser ce savoir pour obtenir de l'argent, des femmes, des pouvoirs, ont très mal fini.

Les livres occultes pullulent. Ils font beaucoup de promesses : grâce à tel parfum, tel talisman, telle pierre magique, vous obtiendrez tout ce que vous désirez… Et les gens barbotent là-dedans pour trouver des moyens commodes et rapides de satisfaire leurs convoitises. C'est pourquoi la magie noire est tellement répandue de par le monde. Tandis que pour la magie blanche, la théurgie, il y a peu de candidats. Et le but de la Science initiatique, justement, c'est de nous apprendre comment nous débarrasser de nos désirs inférieurs, à entrer en communication avec le monde divin pour nous perfectionner et aider toute l'humanité.

Les entités célestes aiment la lumière, et quand elles aperçoivent un être entouré de cette lumière que la Science initiatique appelle l'aura, elles accourent vers lui.

Si je vous demande : « Est-ce que vous souhaitez vraiment l'amour, la paix, la santé, la beauté ? » vous répondrez tous : « Oh ! oui, nous ne voulons que ça ! » Mais alors, que faites-vous pour les obtenir ? Toutes ces bénédictions ne peuvent pas vous venir comme ça, par hasard. Travailler sur l'aura est le meilleur moyen pour les attirer : par votre amour vous la vivifiez, par votre sagesse vous l'éclairez, par votre force de caractère vous la rendez puissante, par votre pureté vous la rendez limpide et transparente. Celui qui patiemment, sincèrement, se consacre à la pratique des vertus, acquiert peu à peu une aura immense dans laquelle non seulement les créatures célestes viennent se baigner, mais aussi les humains qui se sentent nourris, apaisés, renforcés, entraînés dans une direction divine.

L'être humain a été créé à l'image de l'univers et il possède donc une structure identique. Cette structure identique, on l'observe, par exemple, dans ses différents niveaux de conscience qui correspondent aux différents règnes de la nature. Ainsi, l'inconscient correspond aux minéraux, la subconscience aux végétaux, la conscience aux animaux, la soi-conscience aux humains et la superconscience aux surhommes et aux Initiés.

La subconscience qui est liée au règne végétal, est très proche du monde physique, donc de la réalisation. C'est pourquoi une des clés de la réalisation est d'arriver à faire descendre ses projets, ses désirs jusque dans le subconscient. Et pour cela, il existe des exercices très simples. Vous souhaitez obtenir certains résultats dans le plan spirituel ? Avant de vous endormir concentrez-vous, méditez sur une image, un objet précis en relation avec ce souhait : les forces subconscientes mises alors en action pendant le sommeil vous aideront à réaliser ce souhait.

Si on se donne la peine d'en approfondir les principes, on découvre que l'alchimie ne traite que de questions vitales pour nous. L'alchimie est la science de la transformation de la matière, et en participant à cette transformation l'alchimiste veut aider la nature. Eh bien, nous aussi, nous pouvons aider la nature dans les efforts qu'elle fait sur nous.

La préparation de la pierre philosophale qui permet de transformer les métaux en or est inscrite dans le grand livre de la vie, et le livre de la vie, c'est l'univers, mais aussi l'être humain. En travaillant sur notre matière, nous pouvons devenir plus rapidement ce que nous devons devenir : cet *« or éprouvé par le feu »* que mentionne l'*Apocalypse.* Car c'est le feu qui permet d'accélérer le processus, et ce feu, c'est l'amour. Lorsque vous aurez compris que vous êtes vous-même la matière à cuire et que l'amour est le feu avec lequel vous devez la cuire, vous posséderez l'essentiel de ce qu'il faut connaître pour préparer la pierre philosophale et obtenir de l'or.

Combien de philosophes fabriquent des systèmes qui ne rendent compte que de leur propre vision du monde ! Cette vision, nécessairement limitée, reflète leurs insuffisances spirituelles, psychiques, intellectuelles, et même physiques.

La vérité, c'est qu'il n'existe qu'un seul système d'explication de l'univers, et chacun doit s'efforcer d'en retrouver les fondements. Qu'il exprime ensuite les résultats de ses recherches d'après son tempérament propre, sa sensibilité, on peut dire aussi avec « sa voix », c'est normal. Un chanteur qui doit exécuter une partition ne peut le faire qu'avec sa propre voix, et il exprime à travers elle tout ce qu'il est lui-même en profondeur ; mais il n'a pas le droit de chanter d'autres notes que celles qui sont écrites. De la même façon, un philosophe n'a pas le droit de chanter d'autres mots que ceux qui sont inscrits dans le grand livre de la vie ; il a seulement le droit de les chanter avec son propre gosier.

Le secret de la domination de soi réside dans une règle très simple : ne pas laisser certaines pensées, certains sentiments s'installer dans sa tête et dans son cœur, car il est trop tard ensuite pour arrêter leurs effets. Remplacer une pensée par une autre est relativement facile, remplacer un sentiment par un autre l'est déjà moins. Quant à remplacer un acte, qui est le produit de pensées et de sentiments, par un autre, voilà qui est difficile ! Car plus on descend dans la matière, plus on entre dans le domaine des habitudes qui sont comme une deuxième nature.

Il est plus facile de changer ses opinions scientifiques, philosophiques ou religieuses (il arrive qu'on en change instantanément) que de changer ses haines, ses amours, ses affections ou ses convoitises. Et il est encore plus difficile de changer ses habitudes, car elles sont incrustées dans la matière, notre matière. Pour avoir la maîtrise de ses actes, il faut commencer par avoir la maîtrise de ses pensées.

23 Novembre

Chaque vertu possède des propriétés particulières : l'amour nous apporte la chaleur, la sagesse nous apporte la lumière, et la vérité nous donne la liberté. Oui, parce que la vérité a un lien avec la volonté, avec l'action. Nos actes sont d'autant plus corrects, efficaces, que nous agissons conformément à la vérité. Tous les actes inspirés par des points de vue erronés, même s'ils paraissent sur le moment donner de bons résultats, se retournent avec le temps contre leur auteur qui finit par être entravé, ligoté par eux : il a fait tellement d'erreurs qu'il ne sait plus comment s'extirper des filets dans lesquels il s'est lui-même pris.

Seul celui qui est dans la vérité peut se dire libre. Mais la vérité possède différents degrés de manifestation, et notre liberté dépend donc du degré de vérité que nous avons réussi à atteindre.

C'est dans les discussions, les confrontations, les oppositions, les débats d'idées, que l'intellect se sent dans son élément et se développe. Si on l'applaudit, si on lui manifeste admiration et gentillesse, cela lui fait le même effet que la chaleur : il s'endort. Il a besoin du froid, c'est-à-dire des critiques, des obstacles à vaincre. C'est là l'utilité des difficultés, des épreuves : elles vous secouent et vous obligent à réagir.

Croyez-vous que vous feriez beaucoup d'efforts pour devenir plus réfléchi, plus prudent et perspicace si vous n'y étiez pas obligé ? Quant aux événements agréables, aux marques de sympathie, ils influencent le cœur, le poussant à devenir généreux, aimant, chaleureux. Mais que ce soient des événements agréables ou des difficultés, tâchez d'observer quelles facultés cela touche en vous, pour mieux savoir travailler dans l'un et l'autre cas.

Malgré leur obstination à chercher le bonheur, les humains ne le trouvent pas. Pourquoi ? Parce qu'ils vont le chercher trop bas, dans les régions qui lui sont contraires. Le bonheur est un état d'une subtilité, d'une finesse extrême ; il est comparable aux fleurs qui ne peuvent être exposées aux intempéries sans se flétrir. L'Intelligence cosmique a mis le bonheur à l'abri, dans les régions les plus élevées. Oui, l'Intelligence cosmique a placé ses trésors là où le bruit ne peut avoir accès.

Pour atteindre ces régions, il faut s'arracher au niveau des passions ordinaires et à leurs grandes oscillations, ct augmenter l'intensité des vibrations de son âme. C'est en introduisant le silence dans son âme que le disciple s'élèvera jusqu'à ces régions où l'Intelligence cosmique a placé le bonheur.

Les gens qui font porter tous leurs efforts sur leur réussite matérielle ne peuvent pas se montrer tellement généreux. Ils sentent qu'ils sont toujours menacés de perdre ce qu'ils possèdent, car ils sont à la merci des événements, ou de la malveillance, ou de concurrents plus actifs et plus habiles qu'eux. Il est donc normal qu'ils hésitent à partager avec d'autres ce qu'ils ont tellement peur de perdre. Et non seulement ils ne le partageront pas, mais ils feront tout pour le garder, même s'ils doivent se montrer pour cela égoïstes, impitoyables, cruels.

Au contraire, celui qui a travaillé pour acquérir des richesses spirituelles sait que personne ne peut les lui prendre, et il est toujours prêt à les partager, parce qu'il sent qu'en cherchant à en faire bénéficier les autres, c'est lui qui s'enrichit.

À quoi cela sert-il de toujours souligner les défauts des humains ? Est-ce qu'on les voit pour autant s'améliorer ? Non. Alors, désormais, tâchez plutôt de vous concentrer sur le principe divin, immortel, éternel, qui vit aussi en eux et d'avoir pour ce principe divin des sentiments sacrés : vous les aiderez et vous ferez aussi un bon travail sur vous-même. Tandis qu'en vous occupant de leurs défauts, vous vous faites du mal, car vous vous nourrissez de saletés, et vous empêchez aussi les autres d'évoluer. Ensuite, ne vous étonnez pas de vous sentir seul. En critiquant les autres, en soulignant leurs faiblesses et leurs lacunes, vous ne faites que creuser un fossé entre eux et vous.

Quand par votre âme et votre esprit vous saurez entrer en relation avec toutes les âmes et tous les esprits sur la terre, quand ce qu'il y a de meilleur en vous rencontrera ce qu'il y a de meilleur chez les autres, croyez-moi, vous ne vous sentirez plus seul.

Dans vos relations avec votre entourage, cherchez toujours la vie, la vie qui vous enrichira et vous embellira les uns et les autres. Seulement, pour cela il ne faut être ni négligent ni paresseux, mais accepter de faire des exercices. Quels exercices ?

Les occasions ne manquent pas dans l'existence quotidienne d'être irrité par le comportement de telle ou telle personne. Et la moindre contrariété, la moindre parole blessante prend des proportions gigantesques. En revanche, quand on est gentil, aimable avec vous, à peine si vous y faites attention. Toutes les marques d'amitié et d'amour vous sont dues, et immédiatement vous les oubliez. Mais c'est là justement que vous ne devez pas oublier ! Au contraire vous devez amplifier chaque bonne chose, en l'associant non seulement à tout ce qui vous est déjà arrivé de bon de la part des uns et des autres, mais aussi à tout ce qui existe de bon dans le monde. La véritable fraternité commence au moment où vous comprenez comment votre vie peut s'enrichir de la vie de tous.

La terre est actuellement le lieu de notre évolution. C'est là que les êtres humains doivent vivre et travailler afin de faire descendre toute la beauté, la lumière et l'intelligence du Ciel. Quand ils auront réalisé ce programme, ils abandonneront le monde physique pour vivre dans le plan éthérique où ils apprendront aussi à se manifester pleinement. Ensuite, ils accéderont au plan astral… puis au plan mental.*

Mais en attendant d'arriver à ce degré d'évolution, où ils parviendront dans des millions d'années, les humains doivent concentrer tous leurs efforts sur la terre, pour la faire vibrer en harmonie avec le monde divin. Si Jésus a dit : *« Que ta volonté soit faite sur la terre comme au ciel »*, c'est qu'il savait que, dans les projets de Dieu, l'évolution de l'humanité passe par la maîtrise et la spiritualisation du plan physique. Lorsque la matière sera imprégnée par l'esprit, elle deviendra transparente. Oui, même les arbres, même les rochers, même le corps physique de l'homme, tout deviendra cristallin et rayonnant.

* Voir note et schéma, p. 372 et 373.

Parmi ceux qui se prétendent spiritualistes, combien se conduisent en réalité comme les plus grands matérialistes ! Être matérialiste ou spiritualiste correspond à un niveau de conscience. On n'est pas spiritualiste parce qu'on va à l'église, qu'on croit à la réincarnation et qu'on s'intéresse au monde invisible ; et on n'est pas matérialiste parce qu'on s'intéresse à la matière. C'est la manière de vivre ses relations avec l'esprit et la matière qui fait un spiritualiste ou un matérialiste.

La religion telle que certains la pratiquent n'est en réalité que du matérialisme, on ne sent aucune présence de l'esprit. C'est pourquoi au lieu de critiquer les matérialistes, beaucoup de soi-disant spiritualistes devraient plutôt faire un retour sur eux-mêmes : ils constateraient qu'en s'arrêtant exclusivement sur les formes, les apparences de la religion, ils en perdent le contenu et le sens. Voulez-vous être un véritable spiritualiste ? Mettez toujours à la première place l'esprit qui vivifie.

Un spiritualiste peut s'émerveiller et se servir de tout ce que le monde matériel lui présente comme réalisations, mais il n'oublie jamais que l'essentiel se trouve en lui-même et que le monde extérieur doit être mis au service de son monde intérieur.

La lumière est en nous, la vérité est en nous, la paix est en nous, le Royaume de Dieu est en nous, et c'est là que nous devons les chercher. Tous les objets qui sont à l'extérieur de nous sont comme l'écorce de la réalité, l'ombre de la réalité. Dans certaines conditions ils peuvent être utiles, efficaces, mais ils ne sont pas absolument réels, ils peuvent s'effriter, ils peuvent disparaître, ce sont des images. Et celui qui se cramponne à eux ne trouve pas l'esprit mais la matière, il ne trouve pas la vérité mais les illusions.

Quelle que soit l'importance de vos autres occupations ou activités, n'oubliez jamais que, pour votre avenir, l'essentiel est le travail de la pensée. C'est grâce à lui que vous arriverez à vous rapprocher de plus en plus chaque jour de l'idéal auquel vous aspirez. Par vos prières, vos méditations, vous ajoutez chaque jour un élément à l'édifice, chaque jour une brique, un parpaing, un peu de ciment, une planche, un clou…

Quel bonheur de sentir qu'on agit, qu'on avance ! Il n'est d'ailleurs pas sûr que vous vous sentirez aussi heureux le jour où vous verrez votre bâtiment terminé ; oui, il vous manquera peut-être quelque chose quand ce sera fini ! Beaucoup plus que dans la réalisation, c'est dans le travail, dans l'activité, dans l'espérance, que l'homme trouve le bonheur, dans la pensée qu'il y a toujours quelque chose de plus à découvrir, à réaliser.

Comment réagir lorsqu'un geste, un mot, un regard ont introduit en vous le trouble, la colère ou quelque autre état négatif ? D'abord, vous arrêter, faire une pause. Car si vous vous laissez aller à vos réactions instinctives, vous risquez de produire plus de mal qu'on ne vous en a fait. La colère est l'irruption d'une force brute qui n'est pas nécessairement mauvaise, au contraire même, à condition que vous sachiez la maîtriser pour pouvoir ensuite la diriger. Et comment ? En prenant une respiration profonde, en faisant quelques mouvements harmonieux et rythmés avec les jambes, les bras, la tête.

Même si vous êtes ligoté, un seul doigt laissé libre vous permettra de rétablir l'équilibre, la paix et l'harmonie en vous-même. Vous pouvez aussi par la pensée écrire dans l'espace des mots magiques en lettres de lumière : paix, sagesse, amour, beauté... Ces moyens très simples donnent de grands résultats ; encore faut-il garder assez de lucidité et de maîtrise de soi pour penser à les utiliser.

Jésus disait : *« Si le grain de blé qui est tombé en terre ne meurt, il reste seul ; mais s'il meurt, il porte beaucoup de fruits »*.

Dans la vie spirituelle, mourir signifie renoncer à notre moi humain, limité, afin que le Seigneur vienne régner en nous. Nous voulons disparaître, mais à une seule condition : que ce soit le Seigneur qui prenne notre place. Si nous insistons vraiment, si nous L'appelons de toute la force de notre amour, Il est obligé de céder parce que nous utilisons des puissances de même nature que Lui : les puissances de l'amour. Il ne peut pas dire : « On va réfléchir, on va étudier comment il a vécu dans le passé pour voir s'il mérite qu'on l'exauce. » Il n'y a plus de passé, il n'y a plus rien ; devant un désir pareil tout le reste est effacé, il n'y a plus que notre décision et notre supplication d'aujourd'hui : vivre de la vie de Dieu afin de porter des fruits.

Notre corps physique, comme chaque chose dans la nature, possède un double, appelé double éthérique, qui le pénètre et le déborde. Chaque membre de notre corps possède ainsi son double. Notre bras, par exemple, est pénétré par un double éthérique qui déborde la limite des doigts. Et si un musicien, un violoniste, par exemple, a appris à introduire par la pensée son bras éthérique dans son instrument au point qu'il imprègne le bois, les cordes… cet instrument vibre différemment. Au-delà des sons physiques un musicien peut produire d'autres sons, que perçoivent les personnes sensibles.

La même loi existe pour la voix : lorsque certains artistes chantent ou parlent, à cause du travail qu'ils ont fait consciemment ou inconsciemment sur leur corps éthérique, ils parviennent à changer les vibrations dans la salle et jusque dans le corps physique des auditeurs. Et nous aussi, avec tout ce qui émane de nous à travers notre corps éthérique, nous pouvons animer les lieux et les créatures.

C'est parce que les humains ne savent pas comment se regarder les uns les autres qu'ils sont poussés à ne voir que leurs traits physiques ou psychiques les plus grossiers, les plus vulgaires. Dans leurs paroles, leurs écrits, leurs dessins, leurs spectacles, combien prennent plaisir à caricaturer leur prochain, et le public, enchanté, rit et applaudit.

Bon, de temps en temps, on peut plaisanter un peu, gentiment, mais ce n'est pas de temps en temps, ni un peu, ni gentiment qu'ils le font. Ce besoin qu'ils ont de montrer les humains plus laids, plus stupides, plus ridicules qu'ils ne sont, est une habitude très pernicieuse : de quel droit avilissent-ils l'image de Dieu ? Est-ce ainsi que l'on doit traiter ses frères et sœurs ? Comment ne se rendent-ils pas compte qu'ils sont liés à eux et qu'en les abîmant, ils abîment aussi quelque chose en eux-mêmes ?

Beaucoup de mères se laissent attendrir par leur enfant qui pleure, et elles finissent par lui accorder ce qu'il demande, même si ce n'est pas raisonnable. Pensent-elles que cet enfant, devenu adulte, aura pris l'habitude de voir qu'on lui cède, et qu'il se montrera capricieux, violent, sans scrupule ?

La mère doit rester pleine de douceur, ne pas se mettre en colère, ne pas frapper l'enfant ; mais quand il le faut, elle doit aussi se montrer intransigeante, exactement comme la nature qui reste inflexible devant les souffrances de l'homme. Si l'enfant met le doigt dans le feu ou dans la glace, les lois du chaud ou du froid ne se modifient pas pour lui. La nature assiste impassible aux expériences de l'enfant, c'est pourquoi il apprend à la respecter. Pour l'enfant, la mère représente la nature : si elle ne la représente pas correctement, l'enfant ignorera qu'il existe des limites à ne pas franchir et il sera perdu.

N'éprouver aucun besoin de se lier au monde divin prive l'être humain de quelque chose de précieux. Bien sûr, celui qui est intelligent, volontaire, entreprenant, en bonne santé, peut, pendant un moment, donner l'impression qu'il ne perd rien de ses facultés. Mais peu à peu, étant donné qu'il ne s'alimente pas aux courants d'en-haut, quelque chose en lui commence à se décomposer, et c'est alors la porte ouverte aux entités indésirables qui, comme les vers rongent le bois, vont ronger son cœur et son intellect.

Celui qui n'est pas en contact avec la lumière n'est pas alimenté par un courant de forces nouvelles. Les ignorants s'arrêtent sur des situations temporaires et en tirent des conclusions : « Le lien avec le monde divin ?… Mais pourquoi ?… Je connais un tel qui ne croit ni à Dieu ni à diable et qui remporte pourtant de grands succès. » Oui, mais il faut voir plus loin, savoir comment travaillent les lois : des années plus tard, d'une façon ou d'une autre, psychiquement, le « un tel » a très souvent fait faillite.

Pourquoi je me réjouis de vous rencontrer chaque jour ? Parce que je vois l'avenir magnifique qui vous attend et que je veux vous aider à créer cet avenir. Vous ne le soupçonnez pas encore, mais moi je le vois. Si je vous voyais tous tels que vous êtes aujourd'hui, est-ce que je vous supporterais ? Ce n'est pas sûr. Et vous, si vous ne vous supportez pas les uns les autres, c'est aussi que vous ne savez pas vous voir pour vous projeter dans cet avenir.

Moi, je suis toujours émerveillé de vous, parce que ce n'est pas votre présent que je vois là, devant moi, mais votre avenir. Où sont encore vos pensées, vos sentiments, autour de quoi ils tournent, ce que vous souhaitez, de quoi vous avez besoin… si je m'arrête là, j'aurai peut-être envie de prendre mon chapeau et de partir au bout du monde. Oui, mais heureusement je vois aussi votre avenir lointain, comment vous parviendrez un jour à vous fondre dans votre nature divine. Voilà mon secret.

On a fait comprendre aux jeunes qu'ils ont toute liberté de vivre la sexualité comme ils l'entendent. Mais doit-on se réjouir de les voir tristes, déchirés, éteints, après des expériences prématurées où ils ont perdu des plumes ? Qui les a prévenus que toutes ces éruptions volcaniques répétées ne restent pas sans conséquences et qu'ils brûlent là leurs quintessences les plus précieuses ?

Les relations sexuelles ne sont pas condamnables et le plaisir non plus, tout peut devenir magnifique, constructif, à condition de comprendre que l'énergie sexuelle est une puissance avec laquelle il faut agir avec précaution. Comme avec le pétrole : ceux qui sont ignorants et imprudents sont brûlés, cette énergie brûle leurs quintessences. Tandis que ceux qui savent l'utiliser, volent dans l'espace. Oui, aucune image comme celle du pétrole ne résume aussi bien la question de la force sexuelle.

Vous voulez méditer… Mais comment y parviendrez-vous si, à cause de vos pensées et de vos sentiments égoïstes, malveillants, vindicatifs, vous avez rendu vos corps astral et mental* tellement opaques que vous ne pouvez plus communier avec les réalités et les existences du monde spirituel ?

Commencez par vous débarrasser de vos préoccupations prosaïques, de vos soucis, de vos rancunes, de vos irritations, de vos souvenirs pesants. Sinon, vous aurez beau rester là, les yeux fermés, attendant que se déclenche ce mouvement qui permettra à votre âme de faire un bond dans la lumière, rien ne se produira. Dans ces conditions, c'est même inutile d'essayer de méditer : vous n'obtiendrez rien, car vos appareils intérieurs sont encrassés et ils ne fonctionneront pas. Et ce sera ainsi, aussi longtemps que vous n'aurez pas compris que la chose essentielle dans la vie, c'est ce travail intérieur de détachement, de dépouillement.

* Voir note et schéma, p. 372 et 373.

Si vous voulez ne jamais perdre espoir et courage, vous devez savoir d'avance que, quoi que vous fassiez, vous rencontrerez des difficultés. Même si vous avez de magnifiques projets en vue, ne partez pas plein d'illusions, car à la première occasion difficile vous allez perdre l'équilibre et vous effondrer. Oui, dans la vie, il ne faut jamais l'oublier, on est toujours obligé de passer par des périodes difficiles, et même très difficiles.

Sur la terre c'est ainsi, on est soumis nécessairement aux alternances : le jour et la nuit, la chaleur et le froid, la joie et la peine, le printemps et l'hiver. Il faut l'accepter et apprendre à travailler avec les uns et les autres. Car ne vous y trompez pas, quand vous aurez réussi à triompher de certaines épreuves, il en viendra d'autres. Mais, fort de vos expériences précédentes, vous pourrez remporter chaque fois la victoire.

La croix est un symbole qui a son origine dans la nature elle-même. C'est une croix qui nous permet de nous repérer dans l'espace : les quatre points cardinaux nord-sud, est-ouest forment une croix qui structure l'espace. Cette croix, on la retrouve dans l'astrologie : les deux axes perpendiculaires Ascendant-Descendant, et Milieu du Ciel-Fond du Ciel qui partagent le cercle du zodiaque ; c'est la croix de la destinée que nous devons apprendre à porter pour gagner l'immortalité.

La ligne verticale représente le principe masculin, et la ligne horizontale le principe féminin, ces deux principes qui sont à l'origine de toute création. Le principe masculin est associé au feu qui s'élève, et le principe féminin à l'eau qui s'étale. Et la croix est aussi un arbre qui nous enseigne comment monter de la terre au ciel. On la découvre dans l'Arbre de Vie des kabbalistes, l'Arbre séphirotique.*

* Voir tableau et note, p. 374-376.

Jamais personne ne pourra empêcher que des pertes, des accidents, des drames se produisent, mais pour ne pas avoir à les subir trop durement, chacun peut trouver quelques moyens de faire face. L'hiver est une période difficile, mais celui qui a bien isolé sa maison et qui a préparé de quoi se chauffer, surmonte ces difficultés.

Et il en est de même dans la vie intérieure. Que vous soyez bouleversé par certains événements, par certaines conditions ou situations, c'est fatal, nous vivons dans un monde tellement chaotique que nous sommes toujours exposés à recevoir des chocs. La question n'est donc pas de transformer le monde, c'est impossible, mais de nous transformer, nous, d'éclairer, de fortifier notre être intérieur. La transformation du monde est l'affaire de Dieu et Il n'attend pas cela de nous. Ce qu'Il nous demande, c'est de travailler sur nous-même pour ne jamais être terrassé.

La magie n'est pas une pratique aussi obscure et compliquée que la plupart des gens imaginent. La magie blanche comme la magie noire est fondée sur la science des vibrations et des différentes qualités de vibrations. Le magicien noir imprègne les objets et les êtres de vibrations maléfiques, nocives, provoquant des accidents et des maladies. Au contraire, le mage blanc communique aux objets et aux êtres des vibrations harmonieuses, qui favorisent ce qu'il y a de meilleur pour tous.

Qu'il en soit conscient ou non, celui qui s'habitue à n'introduire partout que des influences bienfaisantes devient un véritable mage blanc. Et celui qui émet volontairement ou par ignorance des vibrations qui sèment le désordre, créent des dissonances, des querelles, séparent les êtres et les désagrègent, est un magicien noir. Sachant cela, c'est maintenant à chacun de se déterminer.

Depuis deux millénaires les chrétiens répètent que Dieu est Amour, mais qu'ont-ils vraiment compris de cette vérité ? Dire que Dieu est Amour, c'est avoir conscience qu'Il a tout donné à tous les êtres, sans exception. Vous souffrez, vous êtes dans le malheur et vous priez Dieu de venir à votre secours ; vous pensez que c'est ici, maintenant, que vous avez besoin de son aide et qu'Il doit vous la donner. Eh bien, vous vous trompez, Dieu n'a rien à faire pour vous maintenant, parce qu'Il a déjà tout fait. En créant l'homme, Il a tout prévu, Il lui a tout donné. Alors, ne demandez plus rien.

Les véritables fils de Dieu sont ceux qui ne demandent rien, ils savent qu'ils ont déjà tout. Si vous réclamez des mains pour travailler, des pieds pour marcher, des yeux pour voir, c'est ridicule, vous les avez déjà dans le plan spirituel comme dans le plan physique. Vous devez seulement prier pour demander la lumière qui vous dira la meilleure manière de les employer.

Les principes, les lois et les faits : ces trois mots résument la structure de l'univers. Les faits sont en nombre incalculable ; ces faits sont régis par des lois en quantité moindre ; et ces lois sont elles-mêmes régies par quelques principes qui n'en font qu'un : Dieu Lui-même. Le monde des faits est le monde de la multiplicité, de la dispersion, alors que le monde divin est le monde de l'unité. Voilà une clé d'une grande simplicité qui peut vous donner la solution de tous les problèmes.

Si les humains se plaignent de se sentir dans l'obscurité et le chaos, c'est tout simplement qu'ils n'ont pas connaissance de l'existence de ces trois mondes, de leur structure et de leur fonctionnement. Tant qu'ils resteront fixés sur le monde physique, c'est-à-dire sur les faits, les événements, ils n'arriveront jamais à y voir clair et à dominer la situation. Pour avoir une vision claire des choses, et même pour agir correctement, ils doivent s'élever par la pensée jusqu'à atteindre cette région des principes où règne l'esprit, où règne la lumière de Dieu.

Vous voulez qu'on ait plaisir à vous recevoir, à vous rencontrer ? Au lieu d'apporter vos tristesses, vos soucis, votre mauvaise humeur aux autres, pensez comment vous pouvez leur apporter la joie. On s'écarte de ceux qui empestent l'atmosphère de leurs plaintes et de leurs récriminations. Mais ce qui est pire encore, c'est qu'ils empoisonnent leur propre existence.

La tristesse est une fumée noire qui, après avoir envahi l'âme, finit par étendre son ombre sur tout le visage. À la longue, même le fonctionnement de l'organisme est troublé et l'intelligence obscurcie. Vous direz que la bonne humeur, la gaieté sont souvent une question de tempérament et qu'il est difficile de changer son tempérament. C'est vrai, mais par la pensée, avec l'amour et la volonté, on peut y arriver… Pour apporter le bonheur aux autres, il faut surtout remplir son cœur d'amour. Appelez donc l'amour de toutes vos forces, et non seulement vous serez heureux, mais le bonheur que vous donnerez vous reviendra amplifié.

Ce que l'on appelle silence dans la vie spirituelle, n'est pas un monde muet, sans voix. C'est pourquoi les sages de l'Orient parlent de « la voix du silence », et c'est cette voix qu'ils s'efforcent d'entendre. Pour celui qui sait écouter, le silence, le véritable silence a une voix, car il est l'expression de la vic, de la plénitude de la vie divine.

La voix du silence, c'est la voix de Dieu. Cette voix, on ne peut l'entendre qu'en soi-même lorsqu'on parvient à apaiser toutes les agitations intérieures : révoltes, craintes, convoitises… Cette voix de Dieu se confond avec celle de notre nature supérieure : elle ne peut s'exprimer que lorsque toutes les passions se sont tues.

Le voile d'Isis que mentionne la tradition représente les mystères de la nature vivante que seul l'Initié peut pénétrer. Et parce qu'il fait partie de la nature, l'être humain, lui aussi, est enveloppé d'un voile ; c'est pourquoi il éprouve tant de difficultés à se connaître et à connaître les autres. La véritable connaissance exige qu'il parvienne à s'élever jusqu'aux régions sublimes de l'esprit. Quand il cessera de se voir et de voir les autres à travers le verre déformant de ses corps opaques, il pourra enfin savoir ce qu'il est dans les régions sublimes.

Enfoui sous ces couches de matière, habite un esprit, une étincelle, un être indescriptible, omniscient, tout-puissant. Et celui qui par l'ascèse, la prière, le renoncement, est capable d'obéir aux exigences de l'esprit, voit Isis apparaître devant lui dépouillée de ses voiles.

L'hiver commence au moment où le soleil entre dans la constellation du Capricorne. Symboliquement, le Capricorne est lié aux sommets, aux pics rocheux, mais aussi aux profondes cavernes, aux grottes qui s'ouvrent dans les entrailles de la terre. C'est dans ses entrailles que la femme porte et forme l'enfant, et c'est aussi dans les entrailles, le centre Hara*, que l'Enfant-Christ se forme en nous.

Pendant le reste de l'année, la nature est en grande activité, mais à l'approche de l'hiver beaucoup de travaux s'arrêtent, les jours diminuent, les nuits s'allongent, le moment est à la méditation, au recueillement. C'est cet apaisement de toute la nature qui nous permet de pénétrer dans les profondeurs de notre être et de trouver les conditions pour la naissance de l'Enfant divin.

* Cf. *Centres et corps subtils,* Collection Izvor n° 219, chap. IV : « Le centre Hara ».

C'est Dieu qui nous a créés, c'est Lui qui nous alimente, c'est Lui qui nous fait vivre. Nous ne pouvons donc pas exister en dehors de Dieu, et aucune créature n'est réellement indépendante de Lui. Le sentiment d'indépendance qu'éprouvent certains n'existe que dans leur conscience. Il est possible en effet à un homme d'ignorer ou de couper volontairement le lien qui l'unit au Créateur. Mais alors il va peu à peu vers la mort spirituelle.

Certains diront : « Mais Dieu est dans les cieux et nous sommes sur la terre, nous sommes tellement loin de Lui ! » Eh bien non, ce n'est pas un argument, car la réalité du lien avec Dieu dépend de notre état de conscience. Dieu est dans les cieux, mais pourquoi, tout en vivant ici sur la terre en ce moment même, ne serions-nous pas dans les cieux, nous aussi, avec Lui ? Oui, c'est à cet état de conscience que chacun doit parvenir.

Vous portez tous la vérité en vous-même et vous ne le savez pas. La vérité est un monde très profondément enfoui quelque part dans votre inconscient, et apparemment vous n'en savez rien jusqu'au moment où un mot prononcé, une phrase lue, une rencontre, fait jaillir l'étincelle. C'est pourquoi il est si important pour vous d'approcher des êtres qui produiront en vous cette étincelle. Quelques minutes auparavant vous vous sentiez ignorants, quelques minutes après vous découvrez qu'en réalité vous saviez. Combien d'entre vous ont déjà fait cette expérience !

Cela prouve que la vérité, une fois entendue ou lue, ranime en vous un souvenir, la réminiscence d'un lointain passé. La vérité qui vous vient de l'extérieur et la vérité qui s'éveille en vous appartiennent au même monde : ce sont deux âmes-sœurs de la même région et de la même essence ; elles se fusionnent, se confondent et vibrent en même temps. C'est pourquoi vous dites : « Oh ! mais je le savais déjà ! »

C'est la philosophie de Jésus transmise par le christianisme qui a permis au sentiment de fraternité de se développer dans le monde occidental. Mais la situation est loin d'être idéale. Non seulement l'Église s'est trop souvent rangée du côté des puissants, mais dans tous ces dogmes, dans toute cette hiérarchie ecclésiastique, dans tout ce faste des cérémonies, croyez-vous que Jésus arriverait à se reconnaître ?

Imaginez qu'il vienne sur la terre une nuit de Noël… Il entrerait dans des églises magnifiquement ornées, et là il verrait tout un clergé couvert d'ornements précieux célébrer la naissance d'un petit enfant presque nu, devant une foule de gens qui attendent la fin de la messe pour aller manger, boire et s'amuser. Et puis il sortirait et rencontrerait dans les rues des quantités d'hommes et de femmes qui ont froid et faim. Alors, je pose seulement la question : est-ce que Jésus se reconnaîtrait dans ce christianisme-là ? Est-ce pour cela qu'il est venu ?

Le disciple d'un enseignement initiatique a pour tâche de construire son corps spirituel grâce auquel il naîtra une deuxième fois. Il possède l'idée : le Royaume de Dieu et sa Justice, la perfection, l'harmonie céleste, et il lui reste maintenant à accumuler les matériaux pour construire le bâtiment. En réalité, du moment que l'idée est là, les matériaux arriveront automatiquement, vous comprenez ?…

Dès l'instant où vous avez l'idée, le plan, et que vous l'exposez, il attire du cosmos tous les éléments qui viennent se répartir d'après les lignes directrices de ce plan. Vous, vous avez surtout à maintenir fermement le plan dans votre cœur, dans votre âme, et à orienter toutes vos activités d'après ce plan. C'est ainsi que se forme en vous votre corps spirituel : le corps de gloire, le corps du Christ. Ce que l'on appelle la deuxième naissance est la formation par l'être humain de ce corps lumineux qui lui permet de vivre et d'agir dans le plan spirituel.

Nous avons une certaine apparence physique qui fait qu'on nous reconnaît comme tel ou tel : devant certaines formes physiques, on ne peut pas se tromper. Mais, intérieurement, nous avons cette faculté de nous identifier à tout ce qui existe, et c'est d'ailleurs ce que nous faisons plus ou moins inconsciemment tout au long d'une journée : quelque chose en nous ne cesse, par mimétisme, de s'identifier à ce que nous touchons, voyons, entendons. Alors, il faut être vigilant !

Chaque jour nous devons nous arrêter quelques instants pour nous demander à qui ou à quoi nous sommes en train de nous identifier. Car les êtres et les choses auxquels nous nous identifions, voilà ce que nous deviendrons tôt ou tard. Puisque Jésus a dit : *« Vous êtes la lumière du monde »,* c'est à la lumière que nous devons nous identifier pour devenir réellement, un jour, cette lumière.

Voici un conte que j'ai lu il y a bien longtemps. Des Initiés envoyèrent un jour leurs disciples sur une île déserte pour qu'ils la défrichent et la mettent en valeur. « Quand vous aurez terminé votre tâche, leur dirent-ils, une cloche vous annoncera notre arrivée. » Les disciples se mirent tout de suite au travail, et bientôt cette île devint un véritable paradis. Or, la cloche ne sonnait pas. Ils firent d'autres travaux, mais ils n'entendaient toujours rien. Ils réfléchirent longtemps, et soudain la lumière jaillit : ils n'avaient pas pensé à édifier un autel pour la Divinité. Immédiatement ils entreprirent sa construction… À l'instant où il fut terminé, la cloche sonna, les Initiés arrivèrent avec solennité et placèrent sur le front des disciples un pentagramme lumineux, symbole des vertus spirituelles.

Ce récit nous enseigne que, quelles que soient ses réalisations sur la terre, l'homme n'a terminé sa tâche que lorsqu'il a construit en lui l'autel du Seigneur, c'est-à-dire quand il est parvenu à manifester les cinq vertus du pentagramme : l'amour, la sagesse, la vérité, la bonté, la justice.

La méditation est une activité qui nous place à la frontière de deux mondes : l'un qui est au-dessus de nous et l'autre au-dessous ; et depuis cette région intermédiaire que nous occupons, par la pensée nous mettons en mouvement des éléments, des forces, des entités.

Celui qui médite n'est donc pas un être passif, mais un être agissant : par sa pensée il peut construire ou détruire, organiser les choses ou les déranger ; et s'il n'est pas éclairé, s'il n'est pas intelligent, évidemment il les dérange plus qu'il ne les arrange. Qu'il le sache ou non, physiquement, chimiquement, il est en train de déplacer des forces et des éléments pour le bien ou pour le mal, pour la construction ou pour la destruction. Alors, attention à l'état dans lequel vous vous trouvez au moment où vous décidez de méditer : efforcez-vous toujours de donner un but lumineux au travail que vous exécutez par la pensée.

29 Décembre

Dans un pays qui a été attaqué, des résistants se regroupent en réseaux, changent de nom et ont des mots de passe afin que seuls se reconnaissent ceux qui ont décidé de combattre ensemble pour la liberté, et ils finissent par triompher. De la même façon, les enfants de Dieu ont tous les moyens de se reconnaître et de travailler ensemble pour faire triompher la lumière.

Quand beaucoup d'êtres sur la terre auront décidé d'entreprendre ce travail, la vie divine, comme des vagues d'eau pure, déferlera sur toute l'humanité. Cela prendra beaucoup de temps, bien sûr, mais peu importe le temps, il faut commencer ce travail qui est celui des fils et des filles de Dieu. Les fils et les filles de Dieu ne pensent qu'à améliorer la vie, à la rendre pure, lumineuse, belle, abondante, afin de la propager, de la distribuer, de la faire partager à tous.

Les sentiers de la vie sont comparables à un immense labyrinthe où nous sommes sans cesse menacés de nous perdre. Pour pouvoir les parcourir avec l'espoir de trouver l'issue un jour, nous devons connaître certaines règles que nous donnent les grands Maîtres, et les appliquer.

Celui qui cherche les chemins les plus faciles, les plus adaptés à ses désirs égoïstes, à ses caprices, transgresse les lois divines, et il ne peut que s'égarer. Pourquoi ? Parce que dès l'instant où il se laisse aller à transgresser les lois, tout dans la nature contribue à l'induire en erreur : c'est comme s'il avait introduit en lui un aimant qui le pousse à choisir chaque fois la mauvaise orientation. Tandis que celui qui agit en harmonie avec les lois divines, est toujours entraîné dans la bonne direction et la nature tout entière est là pour l'éclairer et le soutenir.

Demain ce sera la nouvelle année, et quand vous vous rencontrerez, vous vous direz les uns aux autres : « Bonne année… Heureuse année. » Oui, mais ce n'est pas parce que le calendrier vous a annoncé une année nouvelle qu'elle sera nécessairement nouvelle pour vous. Le calendrier est une chose, et vous, une autre.

Si vous voulez que la nouvelle année soit pour vous vraiment nouvelle, considérez-la comme un être vivant et riche qui apporte de grands cadeaux. Et pour recevoir ces cadeaux, vous devez préparer de nombreux endroits en vous-même. Faites des inspections dans votre tête et dans votre cœur pour en chasser toutes sortes de vieilles choses accumulées. Oui, c'est le moment d'un grand nettoyage. Avant même sa venue, il faut déjà avoir préparé en soi sa place à l'année nouvelle.

Note : Sans rejeter la division corps – âme – esprit adoptée traditionnellement en Occident, Omraam Mikhaël Aïvanhov a surtout utilisé la division en six – ou sept – corps, inspirée de la philosophie hindoue. (Le corps éthérique, souvent mentionné, fait partie du corps physique. Voir à ce sujet le chapitre VI de « La vie psychique : éléments et structures »).

Les trois activités fondamentales par lesquelles se caractérise l'homme sont la pensée (qui a pour instrument l'intellect), le sentiment (qui a pour instrument le cœur) et l'action (qui a pour instrument le corps physique). Ne croyez pas que seul le corps physique soit fait de matière : le cœur et l'intellect aussi sont des instruments matériels, seulement leur matière est plus subtile que celle du corps physique.

Une longue tradition ésotérique enseigne que le support, le véhicule du sentiment est le corps astral et celui de l'intellect le corps mental. Mais cette trinité : corps physique, corps astral, corps mental constitue notre nature humaine imparfaite. Ces mêmes facultés de la pensée, du sentiment et de l'action se retrouvent en nous à un niveau supérieur, et là, leurs véhicules sont les corps causal, bouddhique et atmique qui forment notre Moi divin. Les trois grands cercles concentriques indiquent les relations qui existent entre les corps inférieurs et supérieurs.

NATURE SUPÉRIEURE

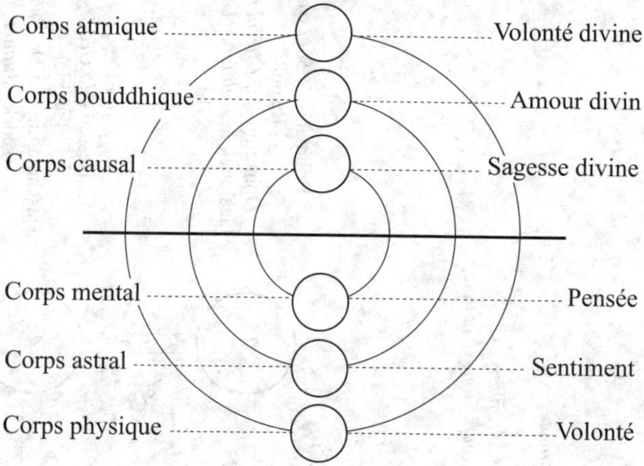

NATURE INFÉRIEURE

Le corps physique qui représente la force, la volonté, la puissance dans le plan matériel est lié au corps atmique qui représente la force, la puissance et la volonté divines.

Le corps astral qui représente les sentiments et les désirs égoïstes et personnels, est lié au corps bouddhique qui représente l'amour divin.

Le corps mental qui représente les pensées ordinaires et intéressées est lié au corps causal qui représente la sagesse divine.

Omraam Mikhaël Aïvanhov

« La vie psychique : éléments et structures » – *N° 222, chap. III, Collection Izvor.*

Arbre séphirotique

1 Ehiéh
Kéther – *la Couronne*
Métatron
Hayoth haKodesch – *les Séraphins*
Reschith haGalgali – *les premiers tourbillons (Neptune)*
♆

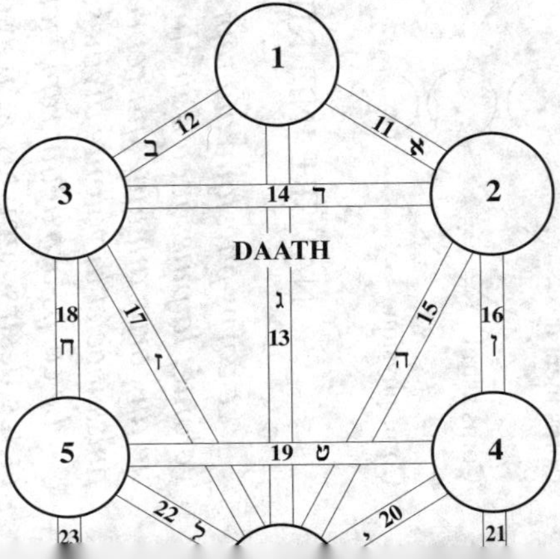

3 Jéhovah
Binah – *l'Intelligence*
Tsaphkiel
Aralim – *les Trônes*
Chabtaï – *Saturne*
♄

2 Iah
Hohmah – *la Sagesse*
Raziel
Ophanim – *les Chérubins*
Mazaloth – *le Zodiaque (Uranus)*
♅

5 Elohim Guibor
Guébourah – *la Force*
Kamaël
Séraphim – *les Puissances*
Madim – *Mars*
♂

4 El
Hessed – *la Grâce*
Tsadkiel
Haschmalim – *les Dominations*
Tsédek – *Jupiter*
♃

8 Elohim Tsébaoth
Hod – *la Gloire*
Raphaël
Bneï-Elohim – *les Archanges*
Kohave – *Mercure*
☿

9 Chadaï-El-Haï
Iésod – *le Fondement*
Gabriel
Kéroubim – *les Anges*
Lévana – *Lune*
☽

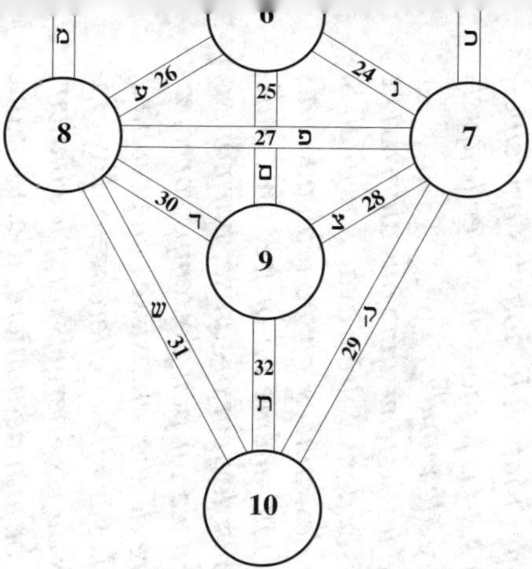

7 Jéhovah Tsébaoth
Netsah – *la Victoire*
Haniel
Elohim – *les Principautés*
Noga – *Vénus*
♀

6 Eloha vaDaath
Tiphéreth – *la Beauté*
Mikhaël
Malahim – *les Vertus*
Chémesch – *Soleil*
☉

10 Adonaï-Méleh
Malhouth – *le Royaume*
Sandalfon
Ischim – *les Hommes parfaits*
Olam Iésodoth – *Terre*
♁

Note :

L'Arbre de Vie est un schéma symbolique qui résume toute la Science initiatique, les doctrines de tous les Initiés. On peut le comparer à une graine, à une semence : plantez-la, elle fera apparaître devant vous toute la création avec la multitude des créatures. Ce schéma peut devenir un instrument magique, un pantacle parmi les plus puissants. Tout est là, tous les principes, tous les éléments, tous les facteurs avec lesquels le Seigneur a créé le monde.

Vous avez là un système qui vous aidera à ne pas vous disperser dans votre travail spirituel. Si vous travaillez des années sur ce tableau, vous introduisez en vous-même un ordre, un équilibre ; tout en vous devient organisé, harmonisé. Dès que vous avez un peu de temps, arrêtez-vous sur l'Arbre de Vie, choisissez une séphira, concentrez-vous sur elle et cherchez à développer les qualités ou les énergies qu'elle contient. Que vous ayez besoin de lumière, d'amour, que vous ayez besoin de force, de protection, de générosité, de justice ou de vie... adressez-vous à l'Arbre de Vie : il est là à la disposition des fils et des filles de Dieu qui ont besoin de se nourrir de la vie divine.

Omraam Mikhaël Aïvanhov

LES FRUITS DE L'ARBRE DE VIE
Tome 32 – Œuvres Complètes

A

Acquisitions
- d'une incarnation à l'autre, aucune n'est définitive, 1 mars.

Actes
- seuls témoignent que quelqu'un est dans le vrai, 2 août.
- nous en sommes toujours responsables. Anecdote, 5 oct.

Activités
- se concentrer sur celles dont les acquisitions nous resteront pour l'éternité, 13 août.

Adorer Dieu en esprit et en vérité
- prophétie encore irréalisable pour la majorité des chrétiens, 22 oct.

Adultes
- sont responsables de la façon dont vivent les jeunes, 8 oct.

Aidc
- que reçoit celui qui travaille pour le Royaume de Dieu, 3 avril.

Aide et amour dc Dieu
- c'est nous qui leur faisons obstacle, 23 janv.

Aider les autres
- s'y préparer avec humilité. Anecdote du gland, 15 oct.

Aimer
- pour ne pas se sentir seul, 10 janv.

Aimer Dieu
- pour mieux aimer les humains, 26 juil.

Alchimie, astrologie, magie, Kabbale
- leurs correspondances en nous, 19 mars.

Âme et esprit
- les découvrir chez tous les êtres est un acte de création, 21 oct.

Âme universelle
- diapason avec lequel nous devons nous accorder, 1 janv.

« Âmes glorifiées »
- trait d'union entre les hommes et les anges, 1 nov.

Amour
- répandu partout dans l'univers, 12 juin.
- pour le conserver il faut le chercher à la Source, 13 oct.
- un parfum grâce auquel les êtres se reconnaissent dans l'autre monde, 14 nov.
- fcu grâce auquel nous préparons la pierre philosophale, 20 nov.

Amour de Dieu
- nous a tout donné depuis l'origine, 16 déc.

Analyse et synthèse
- définition, 8 nov.

Anges
- se nourrissent de nous, 9 mai.

Anges des quatre éléments
- prière, 20 août.

Animaux intérieurs
- les apprivoiser pour les faire participer à notre travail, 28 sept.

Année nouvelle
- doit être préparée, 31 déc.

Arbre
- analogie avec l'être humain, 16 avril.

Arbre de la connaissance du bien et du mal
- interprétation, 6 fév.

Arbre séphirotique
- comme méthode de travail, 16 oct.

Arbres
- prendre conscience des entités qui les habitent, 5 août.

Archange Mikhaël
- contribuer à sa victoire contre le Dragon, 29 sept.

Argent
- précautions à prendre par le spiritualiste, 23 avril.
- symbole des possibilités que nous donne la vie, 30 juil.

Artistes
- conditions de l'inspiration, 20 juil.

Artistes, mystiques et Initiés
- contribuent à l'avancement spirituel de l'humanité, 18 juin.

Atmosphère psychique
- travailler à sa purification, 31 juil.

Aura
- notre vêtement spirituel, 11 oct.
- travailler sur elle pour attirer les entités lumineuses, 18 nov.

Autel du Seigneur
- édifié en nous par la réalisation des vertus que symbolise le pentagramme, 27 déc.

Automne
- sa correspondance dans l'existence humaine, 22 sept.

Autorité
- s'acquiert par un travail d'unification intérieure, 3 nov.

Avenir
- perspective dans laquelle il faut voir les humains, 9 déc.

B

Baguette magique
- lien entre le haut et le bas. Cf. le Notre Père, 19 sept.

Beauté
- en elle se trouve notre salut, 10 fév.

Beauté physique
- doit être soutenue par la beauté intérieure, 6 juil.

Besoins
- les satisfaire en explorant nos richesses intérieures, 17 oct.

Bonheur
- penser à rendre les autres heureux, 10 mars.
- ne vient pas nécessairement sous la forme qu'on attend, 26 avril.
- ne dépend pas des événements, mais de notre bonne compréhension des choses, 5 nov.
- ne s'atteint que dans le silence de l'âme, 25 nov.
- qu'on apporte aux autres, nous revient amplifié, 18 déc.

Bonnes paroles
- que nous disons aux autres, nous font aussi du bien à nous, 8 mai.

Bouche, nez, yeux
- compteurs d'eau, de gaz, d'électricité, 29 janv.

Broderie
- interprétation symbolique, 2 janv.

Bureau des Poids et Mesures
- existe aussi dans le plan spirituel, 6 mai.

C

Cancer
- un moyen de prévention : l'harmonie, 5 mars.

Caricature
- ses dangers, 6 déc.

« Ce n'est pas ce qui entre dans la bouche qui souille l'homme »
- commentaire, 20 juin.

Cellules
- un peuple en nous que nous devons éduquer par notre exemple, 9 sept.

« Celui qui croit en moi fera aussi les œuvres que je fais »
- commentaire, 10 sept.

Centres et corps subtils
- moyens d'investigation de l'univers, 24 sept.

Chant choral
- échanges dans les plans subtils, 19 août.

Chants
- comme méthode de travail, 4 fév.

Chemin spirituel
- rien ne doit nous arrêter, 1 sept.

Choix
- son importance, car on doit l'assumer jusqu'au bout, 25 juin.

Cinq sens
- leur développement exclusif ferme l'accès au monde spirituel, 6 nov.

Cœur
- oriente toujours notre conduite, 26 mars.

Collectivité
- travailler pour elle est la meilleure façon de travailler pour soi, 26 mai.

Collectivité et fraternité
- différences entre ces deux notions, 24 fév.

Commencement
- moment le plus important, 4 août.

Communier
- retirer de la nourriture les éléments subtils qui alimenteront notre âme et notre esprit, 26 août.

Communion
- condition de la vraie connaissance, 7 mars.
- ses dimensions cosmiques, 5 avril.

Concentration
- ses pouvoirs. Exemple des rayons du soleil concentrés par une loupe, 4 juil.

Confort matériel
- ses dangers, 19 mai.

Connaissance
- situer les êtres et les choses dans l'édifice cosmique, 7 janv.

Conscience de l'unité
- à préserver malgré la réalité d'incessants antagonismes, 13 juin.

Contentement et mécontentement
- leurs effets sur nous, 2 fév.

Convictions
- ne pas s'en glorifier, mais étudier leur bien-fondé, 7 nov.

Corps éthérique
- double du corps physique ; ses possibilités, 5 déc.

Corps physique
- faire de lui l'instrument de l'esprit, 18 juil.

Crainte de Dieu
- Jésus est venu la remplacer par l'amour, 23 juil.

Croix
- symbole qui a son origine dans la nature, 13 déc.

D

Découragement
- méthode pour le surmonter, 27 avril.

« Des goûts et des couleurs… »
- commentaire, 3 juil.

Descente dans la matière
- ne doit pas nous exiler de Dieu, 11 avril.

Descente du Saint-Esprit
- événement le plus important de la vie spirituelle, 27 mai.

Destin
- veut nous rendre créateurs, 24 mai.

Destinée
- analogie avec le train, 12 juil.

Deuxième naissance
- édification du corps spirituel, 25 déc.

Dieu
- pour notre évolution, modifier la conception que nous avons de Lui, 9 fév.
- c'est Lui que nous aimons dans les créatures, 14 fév.
- prendre conscience de son existence en nous, 1 avril.
- imprègne de son amour toutes les créatures. Un exercice, 18 avril.
- notre soleil intérieur, 27 août.

« Dieu créa l'homme à son image et à sa ressemblance »
- le symbole de la graine, 17 mars.

Difficultés
- surmontées, nous rendent plus forts pour affronter les suivantes, 12 déc.

Domination de soi
- commence par la maîtrise des pensées, 22 nov.

Donner
- principale préoccupation du spiritualiste, 15 avril.
- pour changer la vie, 11 nov.

E

Eau
- symbolisme de sa formule chimique, 28 avril.
- symbole de l'unité de la matière, 18 oct.

Eau, sang, feu, lumière
- leur polarité physique et spirituelle, 25 mars.

Échantillon intérieur
- afin de savoir comment s'orienter, 2 juil.

École initiatique
- programme du disciple, 15 juin.
- lieu où l'on met en pratique les vérités éternelles, 20 oct.

Écrire
- sur notre propre matière pour devenir un livre vivant, 11 janv.

Efforts
- comptent plus devant le Ciel que les succès, 8 janv.

Énergie
- à puiser dans le découragement, 2 mars.

Énergie sexuelle
- comparaison avec le pétrole, 10 déc.

Énergies
- éviter les situations qui nous les font perdre, 31 oct.

Enfer
- état de conscience vécu dans le plan astral, 10 nov.

Enseignement initiatique
- ne jamais l'abandonner une fois qu'on a choisi de le suivre, 31 mai.

Enseignement spirituel
- apporte un changement dans la conscience. Parabole du grain de sénevé, 30 oct.

Entités lumineuses
- leurs manifestations en nous, 10 avril.

Épreuves
- plus facilement surmontées par une attention constante au monde divin, 25 fév.
- source d'enrichissement grâce au travail de la pensée, 17 juil.
- s'enrichir grâce à elles au lieu de les subir, 8 août.

Erreurs
- nous font souffrir, mais nous instruisent, 30 sept.

Esprit
- peut seul connaître la réalité, 26 janv.
- seul capable de triompher de la fatalité, 29 juin.

Esprit du soleil
- le Christ auquel Jésus s'est identifié, 9 avril.

« Et comme toutes choses sont et proviennent d'Un »
- commentaire, 28 mars.

État intérieur
- des êtres, influence ceux avec qui ils sont en relation, 10 oct.

États négatifs
- image de la boule de neige qui finit par obstruer le chemin, 21 mars.
- méthodes pour réagir, 29 mai.
- méthode pour les surmonter, 3 déc.

États psychiques
- étudier leurs variations, 27 juin.

Éternel féminin et éternel masculin
- que les femmes et les hommes doivent chercher dans l'amour, 10 mai.

Être humain
- demeure habitée par des esprits de différentes natures, 14 mars.
- le maître de maison et les locataires, 21 avril.
- se définit par sa capacité à maîtriser son destin, 21 sept.

Étudier
- avant de se prononcer, 14 sept.

Évolution
- dépend de notre capacité à transformer la matière, 15 janv.

Expériences nouvelles
- chercher à les faire dans la vie spirituelle, 1 fév.

Extérieur et intérieur
- un équilibre à trouver entre les deux, 19 oct.

F

Faiblesse
- des humains, a leur paresse pour véritable cause, 16 janv.

Foi
- ouvre une porte aux puissances d'en haut, 17 avril.

Force
- appartient au domaine de l'esprit, 11 juin.

Force de l'esprit
- capacité de surmonter les épreuves, 19 fév.

Force sexuelle
- source de richesses spirituelles pour le sage, 7 sept.

Forces psychiques
- travaillent sur notre matière astrale, 17 fév.

Fraternité
- enrichir sa vie de la vie de tous, 28 nov.

Fraternité spirituelle
- degré supérieur de la concentration, 12 janv.
- nous donne les meilleures conditions pour progresser, 7 oct.

G

Générosité
- qualité de celui qui donne la première place aux richesses spirituelles, 26 nov.

Grand œuvre
- ses phases correspondent à la succession des couleurs dans la nature, 23 oct.

H

Haut idéal
- ne peut se construire qu'avec une pensée libérée, 4 mars.
- le conserver malgré l'incompréhension des autres, 6 mars.

Héritage des aînés
- ne pas le nier mais en prendre la meilleure part, 30 mars.

Héritages
- raisons de les refuser ou de les accepter, 10 août.

Hiérarchie sociale
- et hiérarchie spirituelle, 28 juin.

Hommes et animaux
- aspects mal connus de leurs relations, 16 nov.

I

Images saintes
- comment les considérer, 18 fév.

Inconscient
- ses deux régions, inférieure et supérieure, 13 fév.

Influence
- est une loi de la vie, 19 avril.

Influences planétaires
- bénéfiques ou maléfiques d'après les qualités de notre aura, 7 mai.

Initiation
- un chemin très long et très difficile, 15 sept.

Insignes de la royauté
- symboles des deux principes masculin et féminin, 24 janv.

Instinct
- n'est plus nécessairement un bon guide pour l'homme. La peur, 11 sept.

Intellect
- ne peut pas nous révéler la vérité de la vie, 14 juil.

Intellect, cœur, volonté
- les harmoniser en les mettant au service d'un idéal divin, 5 juin.

Intellect et cœur
- fonctions complémentaires. Image du bateau, 25 août.
- différemment touchés par les événements, 24 nov.

Intelligence
- puissance régulatrice de nos organes, 11 août.

Intelligence cosmique
- comme le chimiste, elle tire parti des produits les plus dangereux, 22 juin.

J

« Je suis avec vous jusqu'à la fin du monde »
- commentaire, 17 mai.

Jésus
- la révolution qu'il a apportée, 4 oct.

Jeux sportifs
- analogie avec les difficultés de l'existence, 8 juil.

Joies
- les partager pour les conserver, 4 janv.

Justice divine
- ses méthodes pour obliger les humains à s'acquitter de leurs dettes, 3 août.

K

Kabbale
- science à n'aborder qu'avec prudence, 21 fév.

L

Laboratoire intérieur
- dans lequel nous pouvons entrer et travailler, 3 oct.

Labyrinthe de la vie
- on n'en trouve l'issue qu'en respectant les lois divines, 30 déc.

Langage
- sa force est dans la simplicité, 28 janv.

Lever du soleil
- évocation de ce moment exceptionnel, 23 mars.
- bénéfices que l'on retire en sachant le regarder consciemment, 28 mai.

Liberté
- ne consiste pas à refuser des responsabilités, 23 fév.
- n'être retenu par aucune attache psychique, 25 mai.
- n'existe que dans la soumission à Dieu, 13 sept.
- ses relations avec la vérité, 23 nov.

Lien
- avec le centre. Exercice pour le conserver, 3 juin.

Lien avec Dieu
- dépend de notre état de conscience, 22 déc.

Lien avec le monde divin
- son importance, 8 déc.

Lieux saints
- conditions à réaliser en soi-même pour que leur visite soit bénéfique, 9 janv.

Livres sacrés
- les lire comme on contemple le ciel étoilé, 12 août.

Loi d'amour
- au nom de laquelle Jésus se dresse contre le sabbat, 23 mai.

Lois cosmiques
- à la différence des lois humaines, on ne peut les contourner, 18 janv.

Lois de la matière et lois de l'esprit
- apprendre à les concilier, 24 mars.

Lucidité
- doit toujours prévaloir, 30 juin.

Lumière
- première émanation du Feu primordial, 25 janv.
- nous rend riche et généreux, 13 juil.
- symbole de l'unité de la création, 1 août.
- ce dont nous avons le plus besoin, 15 nov.

Lumière solaire
- seule nourriture qui ne laisse aucune impureté en nous, 21 juil.

Lyre à sept cordes
- une représentation de nos sept corps, 13 janv.

M

Magie
- science des vibrations, 15 déc.

Mains
- instruments de notre évolution, 16 juin.

Maître spirituel
- définition et qualités, 12 mars.
- son utilité, 9 juin.
- sa pédagogie, 17 août.
- ses capacités à instruire les êtres sont limitées, 24 oct.

Maladie
- ne pas s'identifier à elle, 13 avril.

Malaises intérieurs
- réagir immédiatement, 24 août.

Manque de temps
- n'est jamais une excuse pour négliger les exercices spirituels, 19 juin.

Matérialisme
- du monde contemporain, 14 avril.

Matérialistes et spiritualistes
- ce n'est pas la pratique, mais le niveau de conscience, qui les différencie, 30 nov.

Matière
- les scientifiques se rapprocheront peu à peu de la conception qu'en ont les Initiés, 22 fév.
- difficulté d'échapper à ses pièges, 6 août.

Matière physique
- et matière psychique. La condensation de formes-pensées, 27 juil.

Méditation
- condition préalable : un travail intérieur de dépouillement, 11 déc.

- activité qui met des forces en mouvement, 28 déc.

Médiumnité
- qualités nécessaires pour son exercice, 17 sept.

Mélodie, harmonie, symphonie
- leurs relations avec la vie psychique et spirituelle de l'homme, 22 juil.

Mémoire cosmique
- l'être humain en est le dépositaire, 6 oct.

Mère
- comme la nature, elle apprend à l'enfant le respect des lois, 7 déc.

Messages de l'invisible
- comment ils nous parviennent, 11 mai.

Méthodes de travail
- plus importantes que les connaissances, 2 oct.

Mimétisme
- comment utiliser cette loi, 26 déc.

Moi divin
- soleil intérieur autour duquel toutes les particules de notre être doivent graviter, 30 janv.

Moi supérieur
- sa présence dans tout être humain fait de lui une divinité, 3 mai.
- ses relations avec notre cerveau, 9 août.

« Mon Père et moi nous sommes un »
- commentaire. Le Jnani-yoga, 20 fév.

Monde d'en bas
- et monde d'en haut : leurs relations, 29 oct.

Monde intérieur
- le seul qui nous appartienne vraiment, 1 oct.

Monde invisible
- déchiffrer ses messages nécessite du discernement, 15 fév.

Mort et résurrection
- étapes ultimes de l'Initiation, 8 avril.

Mort spirituelle
- un refus d'évoluer, 8 juin.

Morts
- comment agir pour conserver leur présence, 2 nov.

Mourir pour vivre
- explication de cette loi du monde spirituel, 12 oct.

Musiques contemporaines
- leurs effets souvent destructeurs sur le système nerveux, 24 juil.

N

Naissance de Jésus
- symbolisme de la grotte, 21 déc.

Naissance et mort
- descente de l'esprit dans la matière et son retour dans les régions subtiles, 5 mai.

Nature
- apprendre à entrer en relation avec elle, 10 juin.

Niveau d'évolution
- détermine le domaine dans lequel les humains ont à travailler, 28 août.

Niveaux de conscience
- analogie avec les différents règnes de la nature. Le subconscient, 19 nov.

Noblesse
- chercher des solutions dans la conciliation, 30 août.

Noël
- Jésus ne se reconnaîtrait pas dans la façon dont les chrétiens fêtent sa naissance, 24 déc.

Nom de Dieu
- interprétation des quatre lettres, 3 mars.

Nombre 6
- une interprétation, 9 oct.

Nourriture
- matière que nos pensées et nos sentiments doivent apprivoiser, 19 janv.

Nourritures psychiques
- savoir les choisir, 20 sept.

Nous-même
- la seule chose qui ne nous sera jamais enlevée, 3 janv.

O

Objets extérieurs
- doivent être mis au service du monde intérieur, 1 déc.

Observation
- importance d'exercer cette faculté, 24 avril.

Organes de la vie spirituelle
- ne fonctionnent pas parce que l'homme les a laissés se rouiller, 22 janv.

Organismes physique et psychique
- comparables à un orchestre, 20 mai.

P

Paix, liberté, bonheur
- dépendent de la place que nous donnons à la vie spirituelle, 20 avril.

Parabole du festin
- commentaire, 14 mai.

Parole de Dieu
- chacun l'entend selon son degré d'évolution, 27 fév.

Parole et musique
- différences et complémentarité, 12 fév.

Passions
- brûlent les quintessences subtiles de notre être, 11 juil.

Peau
- nos pensées et nos sentiments déterminent la nature des éléments qu'elle absorbe, 19 juil.
- son rôle dans la vie psychique et spirituelle, 31 août.

Peau, chair et noyau
- d'un fruit : interprétation symbolique, 18 août.

Pensée
- où qu'on soit, l'utiliser pour créer une atmosphère spirituelle, 25 juil.
- facteur de réalisation spirituelle, 4 nov.

Pensées et sentiments
- leur rôle dans l'acte de manger, 9 juil.

Père, mère, enfant
- première cellule familiale que l'on retrouve dans plusieurs domaines, 12 avril.

Pessimisme
- souvent inspiré par des ambitions déçues, 12 sept.

Pétale de rose
- nous met en relation avec Vénus, 1 mai.

« Place la bonté comme base de ta demeure »
- commentaire, 12 nov.

Plénitude et vide
- leur complémentarité, 22 mai.

Points cardinaux
- dans l'espace et dans l'homme, 14 juin.

Portes du corps
- se purifier afin qu'elles soient gardées par des anges, 1 juil.

Prâna
- comment le capter, 15 juil.

Prendre et donner
- deux conceptions de la vie. Image de la source, 1 juin.
- une science à acquérir, 22 août.

Présence du Seigneur
- les transformations qu'elle opère en nous, 16 août.

Présence et absence du disciple
- leur manifestation dans le plan spirituel, 18 mars.

Présences
- nous attirons celles que nous alimentons, 4 sept.

Présent
- le considérer en fonction du passé et de l'avenir, 4 mai.

Prier avant les repas
- pour que le Seigneur vienne manger avec nous, 22 avril.

Prière
- n'en attendre que des bénéfices spirituels, 30 mai.

Principe divin
- différentes méthodes mènent à lui, 27 sept.
- en l'homme, sur lequel nous devons nous concentrer, 27 nov.

Principes, lois, faits
- la structure de l'univers, 17 déc.

Printemps
- union du soleil et de la terre dans la nature et dans l'homme, 20 mars.

Problèmes
- les résoudre en se liant aux entités spirituelles, 21 janv.
- se résolvent depuis le sommet, 26 oct.

Progrès spirituel
- doit accompagner le progrès technique, 27 janv.

Projet
- doit toujours avoir une détermination précise, 3 sept.

Protection
- contre les entités ténébreuses, 25 avril.

Providence
- voir le bon côté du sort qu'elle nous a réservé, 29 mars.

R

Racines, tronc, branches
- les relations entre le haut et le bas, 21 mai.

Rayons du soleil
- notre conscience renforce leur action sur nous, 8 sept.

Reconnaissance envers Dieu
- ses bons effets, 5 juil.

Règnes de la nature
- étapes de l'évolution, 17 janv.

Religion
- est d'abord dans la vie, 12 mai.

Repas
- cérémonie magique qui exige que nous surveillions nos états intérieurs, 9 mars.

Répétition des vérités spirituelles
- son utilité, 14 oct.

Réponses du Ciel
- comment les entendre, 5 janv.

Respiration
- ses mécanismes subtils, 7 fév.

Respiration et nutrition
- analogies, 9 nov.

Réussite matérielle
- danger de trop la célébrer, 25 sept.

Révolte
- la diriger d'abord contre ses propres imperfections, 5 fév.

Richesses matérielles
- reflets des richesses spirituelles, 6 juin.

Rosée
- sa nature, ses vertus, 15 mai.

Royaume de Dieu
- comment travailler à sa réalisation, 7 août.
- travailler ensemble à son avènement, 29 déc.

S

Sages
- profiter de leurs leçons. Anecdote du petit poisson, 23 sept.

Salut
- nous vient de petites choses faites avec amour, 6 janv.

Salut de l'humanité
- repose sur l'acceptation de l'idée de fraternité, 16 sept.

Sang du Christ
- comparable à la lumière du soleil, 6 avril.

Santé
- synonyme d'unité, 18 mai.

Science initiatique
- ne pas confondre avec les sciences occultes, 17 nov.

Sel
- son usage dans les rites religieux et magiques, 14 janv.

Sensibilité
- chercher à en améliorer les manifestations, 27 oct.

« Si le grain ne meurt »
- commentaire, 4 déc.

Situations
- quelles qu'elles soient, apprendre à en tirer parti pour sa vie intérieure, 28 juil.

Soleil
- symbole du centre, du sommet que nous devons atteindre, 28 fév.
- en sachant le regarder nous faisons de lui notre ami, 2 juin.
- grâce à lui nous devenons les amis du feu, 23 juin.
- nous enseigne la joie de donner, 15 août.
- nous apprend à utiliser les puissances de l'esprit, 26 sept.

Soleil et terre
- circulation entre eux. Application à la vie morale, 30 avril.

Soleil spirituel
- fait éclore en nous les germes de la vie divine, 16 mai.

Sommeil
- prolongement des préoccupations de la veille, 26 juin.

Sommet
- une image sur laquelle se concentrer, 29 avril.

Sommets des montagnes
- offrent de bonnes conditions pour le travail spirituel, 8 fév.

Soucis et chagrins
- éviter d'en accabler les autres, 6 sept.

Soulever le voile d'Isis
- percer les mystères de l'univers et de l'être humain, 20 déc.

Spiritualité
- équilibre à trouver entre le corps et l'esprit, 4 juin.

Stabilité
- nature et importance de cette qualité, 11 fév.

Structure
- de l'être humain et de la plante : analogue mais inversée, 21 juin.

Subconscient
- habité par des forces obscures qu'il ne faut pas libérer, 2 avril.

Symboles
- les vivre pour les comprendre, 3 fév.

T

Téléphone
- application de cette invention à la vie psychique, 17 juin.

Tempérament
- aucun effort ne peut vraiment le modifier, 10 juil.

Tentations
- nourritures que nous ne devons pas absorber, 13 nov.

Terre
- c'est là qu'est le travail du spiritualiste, 31 janv.
- une école où les humains doivent apprendre à vivre en frères, 16 fév.
- une école où on ne trouve que des leçons, 14 août.
- lieu actuel de notre évolution, 29 nov.

Terre Sainte
- l'esprit de Jésus l'a quittée, 23 août.

Tête
- une terre à cultiver, 26 fév.

Travail
- fortifie, surtout si on le soutient par une idée, 2 sept.

Travail de la pensée
- conditions pour le réaliser, 7 juin.
- plus important que tout autre activité, 2 déc.

Travail, foi, temps
- ces trois mots résument une philosophie de la vie, 22 mars.

Travail spirituel
- nécessaire pour réussir dans ses entreprises, 27 mars.
- ne pas en perdre les bénéfices, 24 juin.

Travailler sur nous-même
- pour faire face aux événements, 14 déc.

Trois lois de la destinée
- qui régissent trois catégories d'êtres, 15 mars.

U

Unification
- de tous les éléments qui nous constituent, 11 mars.

Univers
- analogie entre sa structure et celle de notre corps physique, 2 mai.
- un seul système philosophique peut en rendre compte, 21 nov.

V

Verbe divin
- le nombre 1, 18 sept.

Verbe et parole
- différences, 5 sept.

Vérité
- qualités de celui qui la possède, 8 mars.
- ne doit jamais être imposée par la force, 4 avril.
- ses expressions dans les plans spirituel, psychique, physique, 25 oct.
- un monde profondément enfoui en nous, 23 déc.

Vestales
- sens symbolique de cette institution, 7 juil.

Vie
- la chercher partout dans l'univers, et particulièrement dans le soleil, 31 mars.

Vie cosmique
- rechercher la sensation d'appartenir à cette vie, 20 janv.

Vie divine
- la sentir couler en soi, 16 mars.

Vie intense
- la vivre pour soi-même et pour les autres, 16 juil.

Vie personnelle et vie collective
- un équilibre à trouver, 29 juil.

Vie spirituelle
- entreprise difficile qui exige l'humilité, 13 mai.
- l'aimer pour éprouver le besoin de s'y engager, 28 oct.

Vie universelle
- édifice à la construction duquel nous devons participer, 7 avril.

Voix du silence
- voix de Dieu, ou de notre nature supérieure, 19 déc.

« Vous avez reçu gratuitement, donnez gratuitement »
- commentaire, 13 mars.

« Vous êtes le sel de la terre »
- commentaire, 21 août.

Vue d'ensemble
- exemple du chef d'orchestre, 29 août.

Du même auteur :

Collection des « Œuvres Complètes »

Tome 1 – La deuxième naissance
Amour, Sagesse, Vérité
Tome 2 – L'alchimie spirituelle
Tome 3 – Les deux arbres du Paradis
Tome 4 – Le grain de sénevé
Tome 5 – Les puissances de la vie
Tome 6 – L'harmonie
Tome 7 – Les mystères de Iésod,
les fondements de la vie spirituelle
Tome 8 – Langage symbolique, langage de la nature
Tome 9 – « Au commencement était le Verbe »
commentaires des Évangiles
Tome 10 – Les splendeurs de Tiphéreth,
le soleil dans la pratique spirituelle
Tome 11 – La clef essentielle
pour résoudre les problèmes de l'existence
Tome 12 – Les lois de la morale cosmique
Tome 13 – La nouvelle terre
Méthodes, exercices, formules, prières
Tome 14 – L'amour et la sexualité *
Tome 15 – L'amour et la sexualité **
Tome 16 – Hrani Yoga
Le sens alchimique et magique de la nutrition
Tome 17 – « Connais-toi, toi-même » Jnani yoga *
Tome 18 – « Connais-toi, toi-même » Jnani yoga **
Tome 19 à 21 – Pensées Quotidiennes
Tome 22 – Oguèn, *le feu*
Une pensée pour chaque jour
Tome 23 – La nouvelle religion : solaire et universelle *
Tome 24 – La nouvelle religion : solaire et universelle **
Tome 25 – Le Verseau et l'avènement dc l'Âge d'Or *
Tome 26 – Le Verseau et l'avènement de l'Âge d'Or **
Tome 27 – La pédagogie initiatique *
Tome 28 – La pédagogie initiatique **
Tome 29 – La pédagogie initiatique ***
Tome 30 – Vie et travail à l'École divine *
Tome 31 – Vie et travail à l'École divine **
Tome 32 – Les fruits de l'Arbre de Vie
La tradition kabbalistique

Du même auteur :

Collection Izvor

200 – Hommage au Maître Peter Deunov
201 – Vers une civilisation solaire
202 – L'homme à la conquête de sa destinée
203 – Une éducation qui commence avant la naissance
204 – Le yoga de la nutrition
205 – La force sexuelle ou le Dragon ailé
206 – Une philosophie de l'Universel
207 – Qu'est-ce qu'un Maître spirituel ?
208 – L'égrégore de la Colombe ou le règne de la paix
209 – Noël et Pâques dans la tradition initiatique
210 – L'arbre de la connaissance du bien et du mal
211 – La liberté, victoire de l'esprit
212 – La lumière, esprit vivant
213 – Nature humaine et nature divine
214 – La galvanoplastie spirituelle et l'avenir de l'humanité
215 – Le véritable enseignement du Christ
216 – Les secrets du livre de la nature
217 – Nouvelle lumière sur les Évangiles
218 – Le langage des figures géométriques
219 – Centres et corps subtils – *Aura, plexus solaire, centre Hara…*
220 – Le zodiaque, clé de l'homme et de l'univers
221 – Le travail alchimique ou la quête de la perfection
222 – La vie psychique : éléments et structures
223 – Création artistique et création spirituelle
224 – Puissances de la pensée
225 – Harmonie et santé
226 – Le Livre de la Magie divine
227 – Règles d'or pour la vie quotidienne
228 – Regards sur l'invisible
229 – La voie du silence
230 – Approche de la Cité céleste – *Commentaires de l'Apocalypse*
231 – Les semences du bonheur
232 – Les révélations du feu et de l'eau
233 – Un avenir pour la jeunesse
234 – La vérité, fruit de la sagesse et de l'amour
235 – « En esprit et en vérité »
236 – De l'homme à Dieu – *Séphiroth et hiérarchies angéliques*
237 – La Balance cosmique – *Le nombre 2*
238 – La foi qui transporte les montagnes
239 – L'amour plus grand que la foi
240 – Qu'est-ce qu'un fils de Dieu ?
241 – La pierre philosophale – *des Évangiles aux traités alchimiques*
242 – Aux sources inaltérables de la joie
243 – Le rire du sage

Du même auteur :

Collection Sila – (Livres - CD)

S801 – Parole Solaire

S802 – Parole de Fraternité

Textes choisis, lus par l'auteur, et accompagnés de chants et musiques du Maître Peter Deunov.

Disques compacts (Conférences improvisées)

CD5001FR – Le sens cosmique, mystique et historique de Noël

CD5002FR – L'importance de l'ambiance

CD5003FR – La science de l'éducation

CD5004FR – La prière

CD5005FR – La loi de l'enregistrement

CD5006FR – La véritable vie spirituelle

CD5007FR – L'aura

CD5008FR – La mission de l'art

CD5009AN – The Seed *(en anglais)*

CD5010FR – Déterminisme et indéterminisme

CD5011FR – La vraie beauté

CD5012FR – Introduction à l'astrologie initiatique *(triple CD)*

CD5013FR – L'Éternel Printemps

CD5014FR – La méditation *(triple CD)*

CD5015FR – Messages et conférence

CD5016AN – The Role of the Mother during Gestation *(en anglais – double CD)*

CD5017FR – Le bonheur

CD5018FR – La réincarnation *(triple CD)*

Éditeur-Distributeur

Éditions Prosveta S.A. - Z.A. Le Capitou - B.P. 12
F - 83601 Fréjus CEDEX (France)
Tél. (33) 04 94 19 33 33 – Fax (33) 04 94 19 33 34
E-mail: international@prosveta.com
Site Internet: www.prosveta.com

Distributeurs

ALLEMAGNE
PROSVETA Verlag GmbH – Heerstrasse 55 – 78628 Rottweil
Tél. (49) 741-46551 – Fax. (49) 741-46552 – e-mail: prosveta7@aol.com

AUSTRALIE
PROSVETA Australia
P.O. Box 538 – Mittagong – N.S.W. 2575 Australia
Tél. (61) (0) 2 4855 0189 – Fax : (61) (0) 2 4872 2641
e-mail: prosveta.au@bigpond.com

AUTRICHE
HARMONIEQUELL VERSAND – Hof 37 – A- 5302 Henndorf am Wallersee
Tél. / Fax. (43) 6214 7413 – e-mail: info@prosveta.at

BELGIQUE & LUXEMBOURG
PROSVETA BENELUX – Beeldenmakersstraat 1 – B 8000 Brugge
Tél./Fax. (32)(0)50/61 69 10 – e-mail : prosveta@skynet.be
N.V. MAKLU Somersstraat 13-15 – B-2000 Antwerpen
Tél. (32) 3/231 29 00 – Fax (32) 3/233 26 59
VANDER S.A. – Av. des Volontaires 321 – B-1150 Bruxelles
Tél. (32)(0)2 732 35 32 – Fax. (32) (0)2 732 42 74 – e-mail: g.i.a@wol.be

BULGARIE
SVETOGLED – Bd Saborny 16 A, appt 11 – 9000 Varna
e-mail: vassil100@abv.bg – Tél. / Fax. (359) 52 63 90 94

CANADA
PROSVETA Inc. – 3950, Albert Mines – Canton-de-Hatley (Qc), J0B 2C0
Tél. (819) 564-8212 – Fax. (819) 564-1823
in Canada, call toll free: 1-800-854-8212
e-mail: prosveta@prosveta-canada.com / www.prosveta-canada.com

CHYPRE
THE SOLAR CIVILISATIONBOOKSHOP – BOOKBINDING
73 D Kallipoleos Avenue – Lycavitos – P. O. Box 24947, 1355 – Nicosia
e-mail: cypapach@cytanet.com.cy – Tél. / Fax. 00357-22-377503

COLOMBIE
PROSVETA – Calle 149 N° 24 B - 20 – Bogotá
Tél. (57) 1 614 88 28 – Tél. (57) 1 614 53 85 – Fax (57) 1 633 58 03
Mobile (57) 311 810 25 42 – e-mail: kalagiya@tutopia.com

CONGO
PROSVETA CONGO
29, Avenue de la Révolution – B.P. 768 – Pointe-Noire
Tél. : (242) 948156 / (242) 5531254 – Fax : (242) 948156
e-mail: prosvetacongo@yahoo.fr

CÔTE D'IVOIRE

Librairie Prosveta
25 rue Paul Langevin Zone 4C – 01 Abidjan
e-mail: prosvetafrique@yahoo.fr – Tél/Fax: (225) 21 25 42 11

ESPAGNE

ASOCIACIÓN PROSVETA ESPAÑOLA – C/ Ausias March n° 23 Ático
SP-08010 Barcelona – Tél. (34) (93) 412 31 85 – Fax. (34) (93) 318 89 01
e-mail: aprosveta@prosveta.es

ÉTATS-UNIS

PROSVETA US Dist.
PO Box 2125 – Canyon Country CA 91386
Tél. (661) 252-5412 – Fax. (661) 252-1751
e-mail: prosveta-usa@earthlink.net / www.prosveta-usa.com

FRANCE – DOM TOM

Éditions Prosveta S.A. - B.P. 12 – F - 83601 Fréjus CEDEX (France)
Tél. (33) 04 94 19 33 33 – Fax (33) 04 94 19 33 34
e-mail: international@prosveta.com – www.prosveta.com

GRANDE-BRETAGNE – IRLANDE

PROSVETA – The Doves Nest, Duddleswell Uckfield – East Sussex TN 22 3JJ
Tél. (44) (01825) 712988 – Fax. (44) (01825)713386
e-mail: prosveta@pavilion.co.uk

GRÈCE

D. RAGOUSSIS
A. Papandreou 3 – 166 75 – Glifada - Athènes
Tél. (30) 210 8982632 – Fax (30) 210 9681127 – e-mail: diafxo@gmail.com

HAÏTI

PROSVETA DÉPÔT HAÏTI – Angle rue Faustin 1er et rue Bois Patate #25 bis
6110 Port-au-Prince – Haïti
Tél. (509) 245 18 65 – Tél. (509) 404 88 88 – e-mail: rbaaudant@yahoo.com

ISRAËL

Zohar, P.B. 1046, Netanya 42110 – e-mail: zohar7@012.net.il

ITALIE

PROSVETA Coop. a r.l. – Casella Postale 55 – 06068 Tavernelle (PG)
Tél. (39) 075-835 84 98 – Fax (39) 075-835 97 12 – e-mail: prosveta@tin.it

LIBAN

PROSVETA LIBAN – P.O. Box 90 995
Jdeidet-el-Metn, Beirut – Tél. (03) 448560 – e-mail: prosveta_lb@terra.net.lb

NORVÈGE

PROSVETA NORDEN – Postboks 318, N-1502 Moss
Tél. (47) 69 26 51 40 – Fax. (47) 69 26 51 08 – e-mail: prosnor@online.no

PAYS-BAS

STICHTING PROSVETA NEDERLAND
Zeestraat 50 – 2042 LC Zandvoort
Tél. (31) 33 25 345 75 – Fax. (31) 33 25 803 20
e-mail: prosveta@worldonline.nl

PORTUGAL

EDIÇÕES PROSVETA
Rua Passos Manuel, n° 20 – 3e E, P 1150 – 260 Lisboa
Tél. (351) (21) 354 07 64 – Fax. (351) (21) 798 60 31
e-mail: prosvetapt@hotmail.com

RÉPUBLIQUE TCHÈQUE
PROSVETA – Ant. Sovy 18 – Ceské Budejovice 370 05
Tél. / Fax. (420) 38-53 10 227 – e-mail: prosveta@iol.cz

ROUMANIE
ANTAR – Str. N. Constantinescu 10
Bloc 16A - sc A - Apt. 9 – Sector 1 – 71253 Bucarest
Tél. 004021-231 28 78 – Tél. / Fax. 004021-231 37 19
e-mail : prosveta_ro@yahoo.com

RUSSIE
EDITIONS PROSVETA
143 964 Moskovskaya oblast, g. Reutov – 4, post/box 4
Tél./ Fax. (095) 525 18 17 – Tél. (095) 795 70 74
e-mail: prosveta@online.ru

SUISSE
PROSVETA Société Coopérative
Ch. de la Céramone 3A – CH - 1808 Les Monts-de-Corsier
Tél. (41) 21 921 92 18 – Fax. (41) 21 922 92 04
e-mail: prosveta@swissonline.ch

VENEZUELA
PROSVETA VENEZUELA C. A. – Calle Madrid
Edificio La Trinidad – Las Mercedes – Caracas D.F.
Tél. (58) 414 22 36 748 – e-mail: prosveta_venezuela@hotmail.com

Liste mise à jour le 26.04.06. Si vous ne pouvez joindre un de ces distributeurs, consultez le site internet www.prosveta.com

L'association Fraternité Blanche Universelle a pour but l'étude et l'application de l'Enseignement du Maître Omraam Mikhaël Aïvanhov édité et diffusé par les Éditions Prosveta.

Pour tout renseignement sur l'Association et ses activités, s'adresser au Secrétariat de la Fraternité Blanche Universelle
2 rue du Belvédère de la Ronce
F - 92310 SÈVRES, FRANCE
Tel. (33) 01 45 34 08 85 – Fax (33) 01 46 23 09 26
E-mail: fbu@fbu.org Site internet - www.fbu.org

Achevé d'imprimer en juin 2006
par DUMAS-TITOULET Imprimeurs
Saint-Etienne – France

Dépôt légal : juin 2006
N° d'imprimeur : 44132A